educamos·sm

Caro aluno, seja bem-vindo à sua plataforma do conhecimento!

A partir de agora, você tem à sua disposição uma plataforma que reúne, em um só lugar, recursos educacionais digitais que complementam os livros impressos e são desenvolvidos especialmente para auxiliar você em seus estudos. Veja como é fácil e rápido acessar os recursos deste projeto.

1 Faça a ativação dos códigos dos seus livros.

Se você NÃO tiver cadastro na plataforma:
- Para acessar os recursos digitais, você precisa estar cadastrado na plataforma educamos.sm. Em seu computador, acesse o endereço <br.educamos.sm>.
- No canto superior direito, clique em "**Primeiro acesso? Clique aqui**". Para iniciar o cadastro, insira o código indicado abaixo.
- Depois de incluir todos os códigos, clique em "**Registrar-se**" e, em seguida, preencha o formulário para concluir esta etapa.

Se você JÁ fez cadastro na plataforma:
- Em seu computador, acesse a plataforma e faça o *login* no canto superior direito.
- Em seguida, você visualizará os livros que já estão ativados em seu perfil. Clique no botão "**Adicionar livro**" e insira o código abaixo.

Este é o seu código de ativação! → **DUQFA-4VVBR-APC1P**

2 Acesse os recursos.

Usando um computador

Acesse o endereço <br.educamos.sm> e faça o *login* no canto superior direito. Nessa página, você visualizará todos os seus livros cadastrados. Para acessar o livro desejado, basta clicar na sua capa.

Usando um dispositivo móvel

Instale o aplicativo **educamos.sm**, que está disponível gratuitamente na loja de aplicativos do dispositivo. Utilize o mesmo *login* e a mesma senha da plataforma para acessar o aplicativo.

Importante! Não se esqueça de sempre cadastrar seus livros da SM em seu perfil. Assim, você garante a visualização dos seus conteúdos, seja no computador, seja no dispositivo móvel. Em caso de dúvida, entre em contato com nosso canal de atendimento pelo **telefone 0800 72 54876** ou pelo *e-mail* **atendimento@grupo-sm.com**.

Aprender juntos

5

5º ano

HISTÓRIA

ENSINO FUNDAMENTAL

MÔNICA LUNGOV
- Bacharela e licenciada em História pela Faculdade de Filosofia, Letras e Ciências Humanas (FFLCH) da Universidade de São Paulo (USP).
- Consultora pedagógica e professora de História no Ensino Fundamental e no Ensino Médio.

RAQUEL DOS SANTOS FUNARI
- Licenciada em História pela Faculdade de Filosofia, Ciências e Letras de Belo Horizonte.
- Mestra e doutora em História pelo Instituto de Filosofia e Ciências Humanas da Universidade Estadual de Campinas (Unicamp).
- Pesquisadora-colaboradora do Departamento de História do Instituto de Filosofia e Ciências Humanas da Unicamp.
- Professora de História e supervisora de área no Ensino Fundamental e no Ensino Médio.

ORGANIZADORA: EDIÇÕES SM
Obra coletiva concebida, desenvolvida e produzida por Edições SM.

São Paulo, 6ª edição, 2017

Aprender Juntos **História 5**
© Edições SM Ltda.
Todos os direitos reservados

Direção editorial	M. Esther Nejm
Gerência editorial	Cláudia Carvalho Neves
Gerência de *design* e produção	André Monteiro
Edição executiva	Robson Rocha
	Edição: Isis Ridão Teixeira, Pamela Goya, Valéria Vaz, Vanessa do Amaral
	Colaboração técnico-pedagógica: Pamela Goya
Suporte editorial	Alzira Bertholim, Fernanda Fortunato, Giselle Marangon, Talita Vieira, Silvana Siqueira
Coordenação de preparação e revisão	Cláudia Rodrigues do Espírito Santo
	Preparação e revisão: Ana Paula Ribeiro Migiyama, Maria de Fátima Cavallaro, Taciana Vaz, Vera Lúcia Rocha
	Apoio de equipe: Beatriz Nascimento, Camila Durães Torres
Coordenação de *design*	Gilciane Munhoz
	***Design*:** Tiago Stéfano
Coordenação de arte	Ulisses Pires, Juliano de Arruda Fernandes, Melissa Steiner Rocha Antunes
	Edição de arte: Camila Ferreira Leite, Eduardo Sokei, Danilo Conti
Coordenação de iconografia	Josiane Laurentino
	Pesquisa iconográfica: Graciela Naliati Araujo, Odete Pereira
	Tratamento de imagem: Marcelo Casaro
Capa	João Brito, Gilciane Munhoz
	Ilustração da capa: A mascoteria
Projeto gráfico	Estúdio Insólito
Editoração eletrônica	Estúdio Anexo
Ilustrações	Cecília Iwashita, Ilustra Cartoon, Luiz Catani, Tael Gomes
Cartografia	João Miguel A. Moreira
Pré-impressão	Américo Jesus
Fabricação	Alexander Maeda
Impressão	Pifferprint

Dados Internacionais de Catalogação na Publicação (CIP)
(Câmara Brasileira do Livro, SP, Brasil)

Funari, Raquel dos Santos
 Aprender juntos história, 5º ano : ensino fundamental / Raquel dos Santos Funari, Mônica Lungov ; organizadora Edições SM, obra coletiva concebida, desenvolvida e produzida por Edições SM ; editor responsável Robson Rocha. — 6. ed. — São Paulo : Edições SM, 2017. — (Aprender juntos)

Suplementado pelo manual do professor.
Bibliografia.
ISBN 978-85-418-1927-5 (aluno)
ISBN 978-85-418-1928-2 (professor)

1. História (Ensino fundamental) I. Lungov, Mônica. II. Rocha, Robson. III. Título. IV. Série.

17-10750   CDD-372.89

Índices para catálogo sistemático:
1. História : Ensino fundamental 372.89

6ª edição, 2017
2ª impressão, Janeiro 2019

Edições SM Ltda.
Rua Tenente Lycurgo Lopes da Cruz, 55
Água Branca 05036-120 São Paulo SP Brasil
Tel. 11 2111-7400
edicoessm@grupo-sm.com
www.edicoessm.com.br

Apresentação

Caro aluno,

Este livro foi cuidadosamente pensado para ajudá-lo a construir uma aprendizagem sólida e cheia de significados que lhe sejam úteis não somente hoje, mas também no futuro. Nele, você vai encontrar estímulos para criar, expressar ideias e pensamentos, refletir sobre o que aprende, trocar experiências e conhecimentos.

Os temas, os textos, as imagens e as atividades propostos neste livro oferecem oportunidades para que você se desenvolva como estudante e como cidadão, cultivando valores universais como responsabilidade, respeito, solidariedade, liberdade e justiça.

Acreditamos que é por meio de atitudes positivas e construtivas que se conquistam autonomia e capacidade para tomar decisões acertadas, resolver problemas e superar conflitos.

Esperamos que este material didático contribua para o seu desenvolvimento e para a sua formação.

Bons estudos!

Equipe editorial

Conheça seu livro

Conhecer seu livro didático vai ajudar você a aproveitar melhor as oportunidades de aprendizagem que ele oferece.

Este volume contém doze capítulos. Veja como cada capítulo está organizado.

Abertura de capítulo

Essa página marca o início de um capítulo. Textos, tabelas, imagens variadas e atividades vão fazer você pensar e conversar sobre os temas que serão desenvolvidos ao longo do capítulo.

Desenvolvimento do assunto

Os textos, as imagens e as atividades destas páginas permitirão que você compreenda o conteúdo que está sendo apresentado.

Registros

Nesta seção, você vai identificar e analisar diferentes tipos de registros históricos e refletir sobre eles.

Glossário

Ao longo do livro você encontrará uma breve explicação de algumas palavras e expressões que talvez não conheça.

Sugestão de *site*

As sugestões de *sites* favorecem a ampliação e o aprofundamento dos conteúdos estudados.

Finalizando o capítulo

No fim dos capítulos, há seções que buscam ampliar seus conhecimentos sobre a leitura de imagens, a diversidade cultural e os conteúdos abordados no capítulo.

A seção **Vamos ler imagens!** propõe a análise de uma ou mais imagens e é acompanhada de atividades que vão ajudar você a compreender diferentes tipos de imagem.

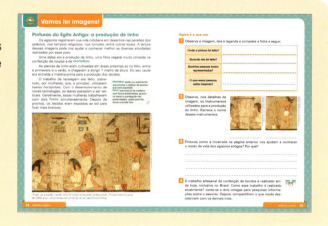

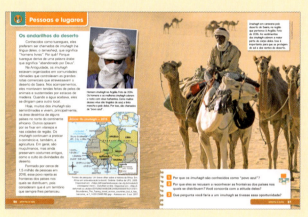

Na seção **Pessoas e lugares** você vai conhecer algumas características culturais de diferentes comunidades.

As atividades da seção **Aprender sempre** são uma oportunidade para você verificar o que aprendeu, analisar os assuntos estudados em cada capítulo e refletir sobre eles.

Material complementar

No final do livro, você vai encontrar material complementar para usar em algumas atividades.

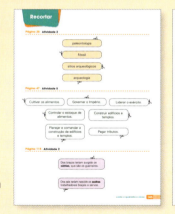

Ícones usados no livro

 Atividade em grupo

 Atividade em dupla

 Atividade oral

 Recurso digital

 Saber ser
Sinaliza momentos propícios para professor e alunos refletirem sobre questões relacionadas a valores.

cinco

Sumário

CAPÍTULO 1 — Diferentes povos, diferentes mitos › 8

Mitos sobre a origem do mundo › 9
A origem dos Kamaiurá › 10
Outros povos e o mito de Mavutsinim › 11
Os olmecas e seus mitos › 12
O Iorubá e a mitologia dos orixás › 13
Os chineses e o mito do ovo cósmico › 14
Gregos e romanos: titãs e deuses › 15

Pessoas e lugares
Os griôs do povo Fula › 16

Aprender sempre › 18

CAPÍTULO 2 — Os primeiros seres humanos › 20

Conhecendo nossos ancestrais › 21
Os hominídeos › 22
Ocupando outros continentes › 23
A chegada ao continente americano › 24
Quem estuda nosso passado › 25
Os vestígios estudados › 26

Registros
Fósseis humanos no Brasil › 27

Aprender sempre › 28

CAPÍTULO 3 — Os primeiros povos da América › 30

Os seres humanos e os outros animais › 31
Fixando a moradia em um lugar › 32
Principais sítios arqueológicos na América › 33
Enquanto isso, no território brasileiro... › 34
Sambaquieiros › 35
Povos ceramistas › 36

Registros
Cerâmicas Marajoara e Santarém › 37

Vamos ler imagens!
Pinturas rupestres › 38

Aprender sempre › 40

CAPÍTULO 4 — Povos antigos da América › 42

Um continente, muitas culturas › 43
Povos mesoamericanos › 44
Teotihuacanos › 45
As cidades maias › 46
Os mexicas › 47
Povos andinos › 49
O Império Inca › 50

Pessoas e lugares
Os incas de hoje: o povo Q'ero › 52

Aprender sempre › 54

CAPÍTULO 5 — Povos indígenas da América › 56

Indígenas na América Latina hoje › 57
Povos indígenas do Brasil › 58
Os indígenas da Bolívia › 60
A Guatemala e a preservação da cultura maia › 62
Os indígenas na América do Norte › 63

Aprender sempre › 64

CAPÍTULO 6 — A África Antiga: os egípcios › 66

A ocupação da África › 67
O Egito Antigo › 68
A sociedade egípcia › 69
Estado e religião › 71

Registros
As múmias egípcias › 72
A escrita egípcia › 73

Vamos ler imagens!
Pinturas do Egito Antigo: a produção de linho › 74

Aprender sempre › 76

CAPÍTULO 7
A África Antiga: muitos povos › 78

Nok: uma cultura muito antiga › 79
Reinos e impérios africanos › 80
O Reino de Cuxe › 81
O Império de Axum › 83

Registros
As estelas axumitas › 85

Pessoas e lugares
Os andarilhos do deserto › 86

Aprender sempre › 88

CAPÍTULO 8
A África no Brasil › 90

A cultura afro-brasileira › 91
Música e dança › 92
Brincadeiras e jogos › 93
Expressões religiosas › 94
Comunidades remanescentes de quilombos › 95

Registros
Um poema quilombola › 96

A população negra no Brasil atual › 97

Aprender sempre › 98

CAPÍTULO 9
Povos antigos do Oriente Médio › 100

Povos da Mesopotâmia › 101
A formação das cidades-Estado › 102
Os sumérios › 103
Outras comunidades mesopotâmicas › 105
Os fenícios › 106
O alfabeto fenício › 107

Vamos ler imagens!
Painéis sumérios e egípcios da Antiguidade › 108

Aprender sempre › 110

CAPÍTULO 10
Povos antigos da Índia e da China › 112

Indianos e chineses na Antiguidade › 113
A Índia Antiga › 114
O hinduísmo › 115
A China Antiga › 116

Registros
O calendário chinês › 117

Pessoas e lugares
Um pouco da Ásia em São Paulo › 118

Aprender sempre › 120

CAPÍTULO 11
As culturas grega e romana › 122

Grécia Antiga › 123
O surgimento das *poleis* › 124
A democracia ateniense › 125
Roma Antiga › 126
A monarquia e a república na Roma Antiga › 127

Registros
Os algarismos romanos › 129

Aprender sempre › 130

CAPÍTULO 12
Cidadania e democracia no Brasil: um processo histórico › 132

Como as ideias chegaram › 133
Democracia e cidadania no Brasil › 134
Cidadania, desigualdade e exclusão social › 135
Organização do Estado brasileiro › 136

Vamos ler imagens!
O Senado: imagens do passado e do presente › 138

Aprender sempre › 140

Sugestões de leitura › 142
Bibliografia › 144
Material complementar › 145

CAPÍTULO 1
Diferentes povos, diferentes mitos

Há milhares de anos, diversos povos, em diferentes épocas, vêm buscando respostas sobre a origem do mundo e dos seres humanos.

Ao longo do tempo, surgiram diferentes explicações para nossa origem. Muitas delas são repletas de seres imaginários e de acontecimentos fantásticos. Essas explicações nos ajudam a compreender as características da cultura dos povos que as desenvolveram.

Observe, no mapa, a localização de alguns dos povos que criaram as explicações que vamos conhecer neste capítulo.

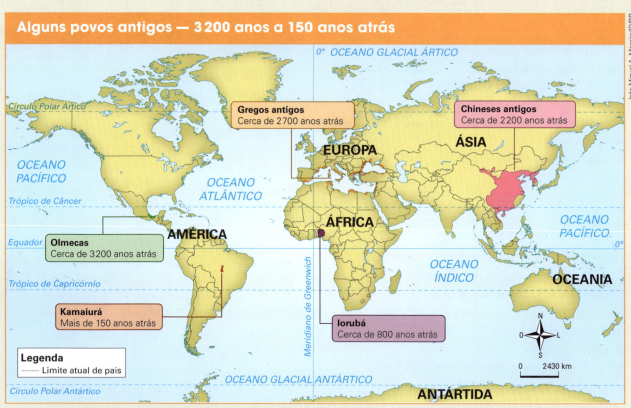

Alguns povos antigos — 3 200 anos a 150 anos atrás

Fontes de pesquisa: Patrick K. O'Brien (Ed.). *Philip's atlas of world history*. London: Institute of Historical Research, University of London, 2007. p. 32, 40 e 48; Leila Leite Hernandez. *A África na sala de aula*: visita à história contemporânea. São Paulo: Selo Negro, 2005. p. 34; Povos Indígenas do Brasil. Instituto Socioambiental (ISA). Disponível em: <https://pib.socioambiental.org/pt/povo/xingu/1539>. Acesso em: 17 maio 2017.

▶ Quais povos foram indicados no mapa acima? Você já ouviu falar de algum deles? Qual?

▶ Eles ocupavam territórios próximos entre si?

▶ O desenvolvimento desses povos ocorreu ao mesmo tempo? Explique.

Mitos sobre a origem do mundo

Como teriam surgido o mundo e os seres humanos?

Há inúmeras respostas para essa pergunta. Grande parte delas explica nossa origem com histórias cheias de fantasia e de elementos sobrenaturais, cada uma de acordo com a realidade e a cultura do povo que a criou.

Essas histórias constituem o conjunto de **mitos** desses povos, isto é, a **mitologia** de cada um deles. Esses mitos são transmitidos de geração a geração e, em muitos povos, são contados apenas oralmente. Por isso, é comum que um mesmo mito tenha diferentes versões: ele pode ser alterado cada vez que é recontado, dependendo do entendimento de quem o está contando.

Existem poucos registros escritos dessas narrativas. Isso também é um fator que contribui para que as histórias se modifiquem ao longo do tempo.

Atualmente, as mitologias são consideradas **patrimônios imateriais** dos povos que as criaram.

Mito: narração de caráter fantástico, com personagens sobrenaturais e heroicas, que explica fatos da realidade e fenômenos naturais.
Patrimônio imaterial: bem cultural, transmitido de geração a geração, que pode ser conhecimento de uma técnica, modo de fazer um objeto, festa popular, forma de expressão (linguagem, dança, pintura corporal, jogo, brincadeira), entre outros.

Os mitos geralmente são contados pelas pessoas mais velhas aos mais jovens. O costume de formar roda para ouvir e contar histórias está presente em muitos povos. Na foto, atividade de contação de histórias em comunidade de São Bernardo do Campo, SP, 2015.

1 Em sua comunidade, há histórias, lendas ou outras tradições que foram ensinadas a você por pessoas mais velhas? Quais?

2 Que patrimônios imateriais você identifica no município onde mora?

A origem dos Kamaiurá

Nas mitologias de muitos povos, é comum que a origem do mundo e dos seres humanos seja atribuída à ação de um herói. Geralmente, esse herói é considerado o antepassado de todos que fazem parte daquele povo.

Nessas narrativas, os atos desse herói resultariam na criação da humanidade e no acesso dos seres humanos a conhecimentos importantes para a sobrevivência, como o domínio do fogo, a domesticação de plantas e de animais e a invenção de utensílios.

Para os Kamaiurá, povo indígena que vive no Parque Indígena do Xingu, Mato Grosso, esse herói chama-se **Mavutsinim**. Conheça parte desse mito.

Dizem que tudo começou no início dos tempos, quando só existia Mavutsinim. Ele foi o primeiro homem e tinha o mundo todo só para ele. Porém, não tinha esposa, nem filhos, nem família nenhuma. Um dia, sentindo-se cansado de viver sozinho, Mavutsinim desejou ter companhia.

Então foi até uma lagoa, pegou uma concha e a transformou em mulher. [...] Os dois viveram juntos até que nasceu o primeiro filho. [...]

Acredita-se que o filho de Mavutsinim é antepassado dos Kamayurá: eles são descendentes dos netos dele.

Rosana Rios. *Mavutsinim e o Kuarup*. Ilustrações de Rubens Matuck. São Paulo: SM, 2008. p. 8 (Coleção Cantos do Mundo).

1 Por que a história de Mavutsinim pode ser considerada um mito?

2 Você conhece outros mitos que narram a origem da humanidade e do Universo? Em caso afirmativo, conte para os colegas.

3 Você conhece outros povos indígenas que vivem no Parque Indígena do Xingu? Quais?

Outros povos e o mito de Mavutsinim

Para outros povos indígenas, como os Kuikuro e os Waurá, que vivem próximos dos Kamaiurá, Mavutsinim também é reconhecido como um antepassado comum. O mito a seguir explica as origens das relações de vizinhança entre esses povos.

> Dizem que [...] Mavutsinim criou também os Kuikuro, os Waurá e os Metyktire. Foi ele que ensinou tudo o que as pessoas precisavam saber: plantar, tomar banho [...]. Ele também distribuiu armas para seu povo e ensinou como usá-las. Para os Kamayurá, deu um arco preto; para os Kuikuro, o arco branco; e, para os Metyktire, a borduna. Aos Waurá, ele ensinou como fazer utensílios de barro [...].
> [...]
> O povo de Mavutsinim cresceu e uma das mulheres deu à luz os gêmeos Kuát, o Sol, e Yaí, a Lua. Os irmãos [...] foram morar com o avô [...]. Foi então que passaram a iluminar os céus.

Borduna: arma feita de madeira, utilizada para defesa ou ataque, parecida com um taco ou um remo.

Indígena do povo Kamaiurá utilizando arco e flecha tradicionais no Parque Indígena do Xingu, MT. Foto de 2012.

Cacique do povo Waurá confeccionando panela tradicional de cerâmica no Parque Indígena do Xingu, MT. Foto de 2013.

Rosana Rios. *Mavutsinim e o Kuarup*. Ilustrações de Rubens Matuck. São Paulo: SM, 2008. p. 13 (Coleção Cantos do Mundo).

Esse mito indica, por exemplo, que esses povos indígenas têm características culturais comuns. Informações como essa auxiliam pesquisadores, como os historiadores, a conhecer melhor o passado dos povos indígenas do Brasil e a cultura de cada um deles.

4 Que conhecimentos Mavutsinim deu a cada um dos povos citados nesse mito?

5 Sublinhe o trecho do mito em que é explicado o surgimento do Sol e da Lua. Depois, reconte essa parte do mito para os colegas.

Os olmecas e seus mitos

Além dos indígenas do Brasil, outros povos da América que habitavam o continente muito antes da chegada dos europeus também criaram mitologias que explicam a origem do mundo e da humanidade.

Os olmecas habitaram territórios do atual México há cerca de 3 mil anos. Algumas tradições dos olmecas foram incorporadas à cultura de outros povos americanos que se desenvolveram muito tempo depois deles, como os maias e os mexicas.

Os principais registros da mitologia olmeca são artísticos e podem ser encontrados tanto na arquitetura como em esculturas.

A **Serpente Emplumada** é uma imagem recorrente na arte olmeca. Essa serpente teria criado os seres humanos e lhes ensinado a cultivar o milho. Já o **Homem-jaguar** representaria o poder masculino de transformar a natureza com as práticas da agricultura, da caça e da domesticação de animais.

Escultura olmeca de **jade**, feita há cerca de 2 900 anos, representando o Homem-jaguar.

Jade: mineral de cor esbranquiçada ou esverdeada, muito usada atualmente em joias e em objetos de decoração.

Detalhe de escultura mexica encontrada em ruínas de Xochicalco, no México atual. Ela era parte de uma das paredes do Templo da Serpente Emplumada e foi feita há cerca de mil anos. Foto de 2017.

1 Por meio da mitologia, foi possível descobrir elementos importantes do cotidiano olmeca. Identifique, com base no texto acima, animais, alimentos e tecnologias que faziam parte do dia a dia olmeca.

O Iorubá e a mitologia dos orixás

Os Iorubá são um povo que vive nos territórios dos atuais Benin, Nigéria e Togo, na África, há cerca de 800 anos. Cada povoado iorubá tinha um ancestral fundador, que, com o tempo, foi considerado um deus. Esses deuses foram chamados de **orixás** pelos Iorubá.

O mito a seguir reconta a criação do mundo e do ser humano segundo o povo Iorubá.

Olorum criou o mundo, todas as águas e terras [...]. Criou plantas e animais de todas as cores e tamanhos. Até que ordenou que Oxalá criasse o homem.

Oxalá criou o homem a partir do ferro e depois da madeira, mas ambos eram rígidos demais. Criou o homem de pedra – era muito frio. Tentou a água, mas o ser não tomava forma definida. Tentou o fogo, mas a criatura se consumiu no próprio fogo. Fez um ser de ar que depois de pronto retornou ao que era, apenas ar. Tentou, ainda, o azeite e o vinho sem êxito.

Triste pelas suas tentativas [...], Oxalá se sentou à beira do rio, de onde Nanã emergiu indagando-o sobre a sua preocupação. Oxalá fala sobre o seu insucesso. Nanã mergulha e retorna da profundeza do rio e lhe entrega lama. Mergulha novamente e lhe traz mais lama. Oxalá, então, cria o homem e percebe que ele é flexível, capaz de mover os olhos, os braços, as pernas e, então, sopra-lhe a vida.

Oxalá: orixá da criação, abaixo apenas de Olorum.
Rígido: duro.
Êxito: sucesso.
Nanã: orixá feminino, protetora das águas e dos pântanos.

Osmundo Teixeira. *Oxalá*, 2017. Escultura de cerâmica.

Outro olhar: 20 orixás – o que você sabe sobre mitologia africana? Geledés – Instituto da Mulher Negra, 12 out. 2013. Disponível em: <http://www.geledes.org.br/outro-olhar-20-orixas-o-que-voce-sabe-sobre-mitologia-africana/#gs.6XADL7U>. Acesso em: 15 maio 2017.

1 As personagens desse mito são orixás. Escolha uma dessas personagens e, no caderno, escreva uma frase explicando a participação dela na criação do mundo e dos seres humanos, segundo os Iorubá.

A lenda da criação do mundo e dos orixás
Disponível em: <https://vimeo.com/70586469>. Acesso em: 30 ago. 2017.

Conheça outra versão do mito de criação do mundo associado aos orixás assistindo a essa animação, produzida pelo Núcleo de Estudos Afro-brasileiros da Faculdade de Educação da Universidade do Estado do Rio de Janeiro.

Os chineses e o mito do ovo cósmico

De acordo com a mitologia da **China Antiga**, o mundo e todas as coisas que fazem parte dele nasceram de um único ovo **cósmico**.

De início, o céu era a superfície interna da casca; a terra era a gema do ovo; e a clara, o oceano que cercava a terra. No centro do ovo, habitava o gigante **Pan Ku**.

Ele teria adormecido durante milhares de anos e não percebeu que estava crescendo. Quando Pan Ku acordou, esticou os braços e as pernas, quebrando a casca do ovo. Assim, o céu se distanciou da terra.

Pan Ku continuou crescendo e aumentou ainda mais a distância entre o céu e a terra. Mas, durante muitos anos, ele sustentou o céu sobre a terra. Quando Pan Ku finalmente descansou, sua cabeça transformou-se em uma grande montanha sagrada, seus olhos deram origem ao Sol e à Lua, seus cabelos tornaram-se as árvores e seu sangue formou os rios.

Do suor dele, surgiu a chuva e, da pele, o solo. Os pequenos animais que habitavam o corpo de Pan Ku, como pulgas e piolhos, deram origem aos seres humanos.

> **China Antiga:** sociedade que se desenvolveu no continente asiático há mais de 3 mil anos e originou a China atual.
> **Cósmico:** que pertence ao espaço universal.

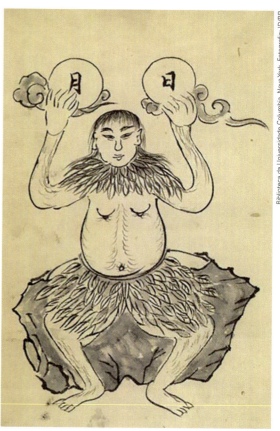

Detalhe de representação de Pan Ku, 1900. Trata-se da cópia de uma ilustração feita a partir de um manuscrito chinês do século 7.

1 **Chinês** e **China** são palavras criadas por estrangeiros para denominar esse povo e a região que habitam, mas não é o modo como os chineses chamam a si mesmos. Há cerca de 2 600 anos, eles se autodenominavam *zhongguo*, que significa "país" (*guo*) do "meio" (*zhong*). Como esse nome pode ser relacionado ao mito do ovo cósmico?

_____

_____

_____

Gregos e romanos: titãs e deuses

O auge da sociedade grega antiga ocorreu há cerca de 2 700 anos em cidades no entorno dos mares Mediterrâneo e Negro.

De acordo com a mitologia grega, no início do mundo havia apenas o **Caos**, um grande vazio escuro. Então, surgiram Gaia, a terra, e Urano, o céu. O casamento entre os dois gerou os titãs, que eram seres de força e tamanho gigantescos. O mais importante dos titãs era Cronos, o senhor do tempo. Ele se casou com Reia e, juntos, deram origem a todos os deuses.

Um dia, Zeus, líder dos deuses, teria se rebelado contra os titãs, destituindo seus pais do poder sobre o mundo e controlando os titãs. Os gregos acreditavam que, a partir dessa transformação, havia tido início a era dos deuses que habitavam o **Olimpo**, um monte que ficava no céu. Os titãs Epimeteu e Prometeu foram encarregados pelos deuses de criar os seres que habitariam a Terra. Com barro, eles criaram os seres humanos e os outros animais.

Os deuses gregos eram parecidos com os humanos, distinguindo-se apenas pela imortalidade. Cada um deles deu à humanidade determinados poderes e conhecimentos. Por exemplo, Atena, a deusa da sabedoria, teria dado aos seres humanos a habilidade de raciocinar.

Posteriormente, os romanos se apropriaram da mitologia grega e, com isso, os nomes dos deuses e dos titãs gregos foram alterados. Cronos, por exemplo, passou a ser chamado de Saturno, e Atena ficou conhecida como Minerva.

Detalhe de monumento romano de pedra feito há mais de 2 mil anos. Ele representa, à esquerda, Cibele (versão romana de Reia) e, à direita, Saturno (versão romana de Cronos).

1 Sob orientação do professor, pesquisem em publicações impressas ou digitais os nomes dos deuses gregos e romanos. Escolham um deles e escrevam no caderno: o nome grego, o nome romano e os talentos que a divindade teria dado aos seres humanos, de acordo com a mitologia greco-romana.

Pessoas e lugares

Os griôs do povo Fula

Desde tempos muito antigos, no continente africano, os contadores de história desempenham uma importante função: transmitir às novas gerações a história de seu povo, preservando, assim, a memória de seus ancestrais e suas tradições culturais.

No século 16, os franceses invadiram e dominaram os territórios do norte da África. Assim como outros grupos de europeus fizeram, os franceses desrespeitaram a identidade de cada povo de muitas formas. Uma delas foi chamar todos os contadores de história de *griots*, como se fossem de uma só cultura. O nome acabou sendo adotado na atualidade e há até uma versão em português: griô.

Fonte de pesquisa: Odenigbo Aka-Ikenga, fev. 2017. Disponível em: <http://www.aka-ikenga.com/2017/01/viewpoint-by-obiora-ogochukwu-okafo.html>. Acesso em: 17 maio 2017.

Os griôs têm a missão de aprender todas as histórias de seu povo para poder recontá-las. A função deles foi especialmente importante durante o período de dominação da África pelos europeus. Graças à missão dos griôs, a cultura de diferentes povos africanos sobrevive ainda hoje.

Um desses povos são os Fula, também conhecidos como Fulani. Formados por grupos de pastores e nômades, os Fula vivem em vários territórios entre os atuais Senegal e Sudão (veja o mapa desta página). A imagem ao fundo desta seção mostra uma dessas comunidades, no Níger.

Na cultura Fula, os griôs ainda são personagens de grande destaque. Eles narram e cantam em versos e músicas os mitos de seu povo, exaltando os feitos de heróis e personagens do passado e transmitindo valores importantes para a comunidade.

Émile Bayard. Representação de griô fula, 1868. Gravura. É comum que os griôs fulas acompanhem a narração de histórias com um instrumento chamado *nyanyer*, um tipo de viola feito de cabaça e coberto com pele de animais, como lagarto ou cobra.

16 dezesseis

Mulheres fula durante cerimônia tradicional. Enquanto os griôs narram suas histórias, elas cantam e dançam. Foto de 2014. Para os Fula, as histórias, os cantos e as danças representam todo o conhecimento do mundo. A expressão deles é uma forma de preservar a sabedoria desse povo.

1 Você conhece outros povos que preservam suas histórias por intermédio de relatos orais? Quais?

2 Os griôs memorizam uma quantidade enorme de histórias, versos, músicas e outros conteúdos apenas ouvindo-os. Para você, essa é uma tarefa fácil ou difícil? Por quê?

3 Em sua comunidade, conteúdos como histórias, poesias e músicas são transmitidos oralmente como no povo Fula? Ou há outras formas de transmissão? Conte para os colegas.

Aprender sempre

1 As fotos abaixo mostram algumas tradições brasileiras que são reconhecidas como patrimônios imateriais do Brasil. À direita, há trechos de textos sobre essas tradições. Ligue cada foto ao trecho a que se refere.

Roda de capoeira no município de Ruy Barbosa, BA. Foto de 2014.

A celebração religiosa de Belém (PA) é considerada uma das maiores do mundo. O Círio tem como ponto alto a procissão da qual participam mais de dois milhões de pessoas.

Apresentação de frevo no Recife, PE. Foto de 2015.

A mistura de dança e luta tem, entre suas origens, o período da escravidão. [...] Hoje, um dos símbolos da identidade brasileira é praticado em mais de 160 países.

Círio de Nazaré, Belém, PA. Foto de 2016.

A expressão artística do carnaval de Recife é uma forma musical, coreográfica e poética enraizada em Pernambuco. O gênero musical urbano surgiu no final do século 19 [...] [...]. A manifestação artística desempenha importante papel na formação da música brasileira.

Geraldo Gurgel. Conheça os 5 patrimônios culturais imateriais da humanidade no Brasil. Ministério do Turismo, 25 jul. 2016. Disponível em: <http://www.turismo.gov.br/%C3%BAltimas-not%C3%ADclas/6534-conhe%C3%A7a-os-05-patrim%C3%B4nios-imateriais-da-humanidade-no-brasil.html>. Acesso em: 31 out. 2017.

2 O texto abaixo aborda as mitologias indígenas na atualidade. Leia-o e, depois, responda às questões.

> Os mitos que explicam a vida e regem o cotidiano ainda são encontrados e contados nas aldeias. Há cerca de 170 línguas diferentes, faladas por 200 povos indígenas no país. As religiões seguidas pelos índios no Brasil (ainda) não foram esquecidas, embora sejam poucos os jovens que sigam os passos dos seus pais e avós.

Betty Mindlin. Índios. Em: Pedro Paulo Funari (Org.). *As religiões que o mundo esqueceu.* São Paulo: Contexto, 2009. p. 195.

a. De acordo com o texto, a mitologia indígena desapareceu nos dias de hoje? Explique.

b. Sublinhe de **roxo** o trecho do texto que cita o risco de as religiões indígenas serem esquecidas.

c. Em sua opinião, a preservação das mitologias indígenas é importante? Por quê?

3 Agora é a sua vez! Forme um grupo com dois colegas. Vocês vão criar uma versão sobre a criação do mundo ou dos seres humanos. Usem a imaginação e sigam as etapas abaixo.

- Escolham quem serão as personagens da história. Elas podem ser criaturas fantásticas famosas (como super-heróis ou personagens de livros) ou inventadas por vocês. Anotem no caderno as características delas: como são fisicamente, como se comportam e quais são seus poderes sobrenaturais. Se possível, desenhem essas personagens.

- Escrevam a história de vocês. Lembrem-se de que a narrativa deve ter começo, meio e fim. Vocês podem se inspirar nos mitos apresentados neste capítulo.

- Com a ajuda do professor, definam como a história será apresentada aos colegas: leitura de texto, apresentação teatral, história em quadrinhos, entre outras possibilidades.

- Ensaiem a apresentação pelo menos uma vez e providenciem com antecedência os objetos que serão necessários para isso, como vestimentas específicas, cartazes e material impresso.

- Na data combinada, apresentem-se para a turma e assitam às apresentações dos colegas.

CAPÍTULO 2
Os primeiros seres humanos

Você gosta de viajar?

Planejar o roteiro da viagem, aproveitar não apenas o local de destino, mas também o percurso, e conhecer novos lugares e pessoas são atividades que empolgam muita gente.

Sair de um local conhecido rumo a lugares inexplorados também foi um ato realizado por nossos ancestrais há milhares de anos. O texto a seguir apresenta uma teoria sobre o que teria motivado alguns **hominídeos** a sair do continente africano, enquanto outros decidiram permanecer lá.

De fato, a grande aventura humana de ocupação do planeta se iniciou há 1 milhão de anos, quando algum […] [hominídeo], firmando-se sobre seus pés, esticou a cabeça por sobre a rala vegetação […] africana e se perguntou sobre o que haveria para além das montanhas que ele percebia acima da linha do horizonte […]. É […] provável que sua saída tenha sido um risco não devidamente calculado, uma vez que estaria trocando o seguro pelo duvidoso, o poço de água conhecido […] pelo perigo de uma área desértica; poderia estar ameaçado em sua segurança, saindo de uma área onde os perigos eram conhecidos, rumo ao desconhecido […].

Então por quê?

Por espírito de aventura.

Jaime Pinsky. *As primeiras civilizações*. São Paulo: Contexto, 2008. p. 25.

▷ Para o autor do texto, por que razão nossos ancestrais se arriscaram a sair do continente africano?

▷ E você? Imagine-se há 1 milhão de anos. Nessa época, não havia meios de transporte. Os territórios eram desconhecidos, não havia mapas ou bússolas… Você teria ficado no local conhecido ou teria partido? Por quê?

Conhecendo nossos ancestrais

No capítulo anterior, você conheceu alguns dos mitos que narram a criação do ser humano e do mundo. Agora, vai conhecer um pouco mais o modo como a ciência atual tenta responder às perguntas sobre a origem do ser humano.

Leia o texto abaixo, do cientista Hilton Pereira da Silva.

> Se alguém disser a você que o homem veio do macaco, não dê ouvidos. Por uma razão simples: não é verdade. O homem não descende do macaco. Os seres humanos atuais e os macacos, na realidade, têm parentes em comum no passado distante [...]. Somos todos parentes porque temos características em comum.
>
> Acontece que, de todas as criaturas do mundo, nós temos muito mais em comum com os primatas, o grupo de mamíferos que inclui, além dos seres humanos, os macacos. Isso, porém, não significa que nós somos descendentes dos macacos, como você descende dos seus pais, que descendem dos seus avós... Na verdade, isso quer dizer que, em algum momento no passado, os seres humanos e os macacos tiveram um ancestral em comum. Esse ancestral deu origem, de um lado, aos grupos que originaram os seres humanos atuais e, de outro, aos grupos que originaram os macacos de hoje em dia.
>
> Essa divisão em dois grupos, segundo os dados disponíveis atualmente, deve ter ocorrido há cerca de sete milhões de anos. E sabe onde ela deve ter acontecido? Na África.

Hilton Pereira da Silva. África, berço da humanidade. Revista *Ciência Hoje das Crianças*, p. 9, maio 2006.

1 Sublinhe no texto os trechos que afirmam que os seres humanos e os macacos de hoje descendem de um mesmo ancestral.

2 Durante muito tempo, a imagem a seguir foi utilizada para explicar a origem dos seres humanos. Por que ela pode sugerir uma ideia equivocada sobre isso?

Reprodução de ilustração sobre o modelo de teoria da evolução do homem que se popularizou a partir do final do século 19.

Os hominídeos

Entre 5 milhões e 2 milhões de anos atrás, em territórios da África atual, algumas espécies de primatas tornaram-se bípedes, ou seja, passaram a andar apoiadas sobre duas pernas. Considerado um dos primeiros hominídeos pelos pesquisadores, esse primata bípede foi chamado de **australopiteco**.

Ao longo de milhões de anos, várias outras espécies de hominídeos surgiram e também se extinguiram. Com o passar do tempo, as habilidades relacionadas às mãos e aos braços se tornaram mais aprimoradas.

Vestígio de pé de um *Homo habilis* encontrado em Arusha, Tanzânia.

Há cerca de 2,4 milhões de anos, surgiu o **Homo habilis**, termo em latim que significa "humano que faz instrumentos". Esse hominídeo foi chamado assim por ter desenvolvido técnicas para a fabricação e o uso de instrumentos feitos de pedra, madeira e ossos.

Já o **Homo erectus** surgiu há cerca de 1,8 milhão de anos. O nome dado a esse hominídeo pelos pesquisadores significa "humano **ereto**". Ele tinha cérebro e corpo maiores que os do *Homo habilis* e era capaz de produzir instrumentos mais complexos. Usava peles de animais para se proteger do frio e dominou o uso do fogo. Foi o primeiro hominídeo a se aventurar para além do continente africano.

Ereto: que se mantém erguido.

Vestígio de crânio de um *Homo erectus* encontrado em Java, na Indonésia.

3 Complete o quadro abaixo, com informações sobre os hominídeos citados no texto.

	Principais características
Australopiteco (entre 5 milhões e 2 milhões de anos atrás)	
Homo habilis (cerca de 2,4 milhões de anos atrás)	
Homo erectus (cerca de 1,8 milhão de anos atrás)	

Ocupando outros continentes

Os pesquisadores acreditam que os *Homo erectus* foram os primeiros hominídeos a sair da África e a chegar à Europa e à Ásia. Nesses continentes, outras espécies de hominídeos surgiram a partir deles.

Uma delas foi o **Homo neanderthalensis**, conhecido como homem de Neandertal. O nome dado a esse hominídeo é devido ao local onde foram encontrados seus vestígios, em 1856: um vale chamado Neander, na Alemanha. Os neandertalenses eram mais baixos e fortes que os seres humanos atuais e viveram entre 400 mil e 40 mil anos atrás.

Na mesma época, há cerca de 200 mil anos, surgiu na África o **Homo sapiens**, que significa "humano que sabe". Essa é a espécie à qual pertencemos.

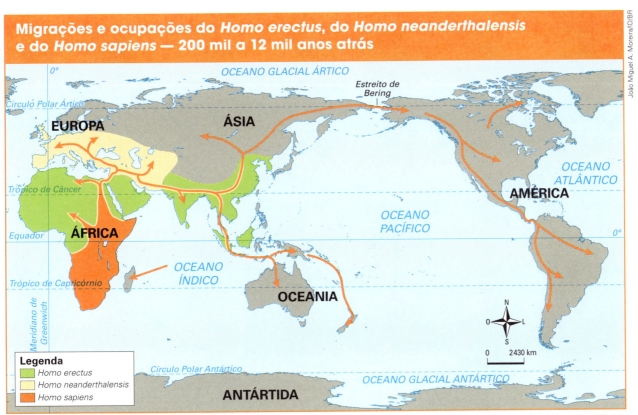

Migrações e ocupações do *Homo erectus*, do *Homo neanderthalensis* e do *Homo sapiens* — 200 mil a 12 mil anos atrás

Fonte de pesquisa: Renato M. E. Sabbatini. A evolução da inteligência. Revista *Cérebro & Mente*, fev. 2001. Disponível em: <http://www.cerebromente.org.br/n12/mente/evolution/evolution03_p.htm>. Acesso em: 31 out. 2017.

O *Homo sapiens* aperfeiçoou as tecnologias desenvolvidas pelas espécies anteriores de hominídeos e criou novas técnicas. A linguagem foi se tornando cada vez mais elaborada e o ato de raciocinar tornou-se um grande diferencial em relação aos outros animais. Os *Homo sapiens* ocuparam territórios em todos os continentes e, entre as diversas espécies de hominídeos que existiram, foi a única que sobreviveu até a atualidade.

1 Para muitos pesquisadores, a África é considerada o berço da humanidade. Por quê? Utilize informações do mapa para responder.

A chegada ao continente americano

A estimativa da data da chegada do *Homo sapiens* ao continente americano ainda gera debate entre os pesquisadores. As datas mais aceitas pelos cientistas variam de 40 mil a 12 mil anos atrás. Também não há consenso sobre o trajeto que os primeiros grupos humanos fizeram até a América.

Os principais vestígios que os pesquisadores utilizam para elaborar as teorias sobre a chegada do ser humano a esse continente são os restos de esqueletos dos nossos ancestrais, assim como as pegadas e os objetos produzidos por eles. Sempre que um novo vestígio desse período é encontrado, há a revisão das teorias. Por isso, esse tema está em constante debate.

De acordo com uma das teorias mais aceitas, os primeiros grupos humanos a chegar à América teriam atravessado o estreito de Bering (veja no mapa da página 23). Esse estreito se localiza entre os atuais territórios da Sibéria (na Rússia) e do Alasca (nos Estados Unidos). Na época da travessia, o estreito estaria totalmente coberto de gelo, possibilitando a passagem a pé.

Outra teoria defende que, muito antes da travessia pelo estreito de Bering, há cerca de 70 mil anos, houve a chegada de grupos humanos vindos da Oceania. Eles teriam atravessado o oceano Pacífico e desembarcado na costa do atual Chile. Essa teoria, porém, ainda carece de provas.

Cientistas recolhem vestígios em um lago congelado no Canadá, por onde teriam passado os primeiros habitantes da América, vindos pelo estreito de Bering. Foto de 2015. O grupo de pesquisadores da imagem critica a teoria do estreito de Bering. Para eles, os humanos só teriam aparecido na região há cerca de 12,6 mil anos e não antes, como sugerem algumas das principais teorias.

2 Há consenso entre os pesquisadores sobre a data em que os primeiros grupos humanos chegaram ao continente americano? E sobre as rotas que eles fizeram? Por que é difícil ter certeza sobre essas questões?

Quem estuda nosso passado

O historiador é um dos profissionais que estuda o passado das sociedades, por meio da análise de diversos vestígios deixados por elas. Porém, os vestígios dos primeiros grupos humanos são muito diferentes dos vestígios, por exemplo, dos moradores de um município brasileiro do início do século 20.

As marcas da existência dos primeiros *Homo sapiens* são muito antigas. Como vimos, datam de milhares de anos atrás. Por isso, para compreender esse passado tão distante, é necessário contar com o trabalho e os conhecimentos de profissionais de outras áreas do conhecimento. Leia o texto a seguir.

A principal maneira de ter acesso ao passado pré-histórico é o estudo dos vestígios materiais que chegaram até nós. Os vestígios materiais associados aos homens são estudados pela **Arqueologia**, uma ciência voltada, precisamente, ao estudo do mundo material ligado à vida em sociedade. Por meio de prospecções e escavações arqueológicas, recuperam-se vestígios que podem nos informar sobre os mais variados aspectos da vida no passado.

Pré-histórico: relativo à Pré-História, período entre o surgimento dos seres humanos e a invenção da escrita.
Prospecção: no texto, exploração do subsolo em busca de vestígios.

Arqueóloga brasileira Denise Schaan, da Universidade Federal do Pará (UFPA). Foto de 2014.

O local onde são encontrados vestígios do passado é chamado de **sítio arqueológico**. Na foto, arqueólogos trabalham em sítio arqueológico de São José dos Campos, SP, 2016.

Pedro Paulo Funari e Francisco Silva Noelli. *Pré-História do Brasil*. 3. ed. São Paulo: Contexto, 2006. p. 16.

1 Qual das frases abaixo se refere ao trabalho dos arqueólogos? Marque com um **X**.

☐ Buscar e analisar vestígios do passado.

☐ Selecionar qual vestígio do passado deve ser destruído.

Os vestígios estudados

A maioria dos vestígios da existência dos hominídeos (que você conheceu nas páginas 22 e 23) é chamada de **fóssil**. Esse tipo de vestígio é caracterizado, principalmente, por ter sido preservado pela ação da natureza, e não pela ação humana.

Porém, a definição de fóssil ainda está em discussão pelos **paleontólogos**, que são os profissionais que estudam os fósseis.

Em muitas partes do Brasil, é possível encontrar fósseis de animais, plantas, entre outros seres. Na foto, fóssil de peixe de mais de 110 milhões de anos, encontrado no município de Cariri, CE.

Ao estudar esse tipo de vestígio, os paleontólogos conseguem elaborar teorias sobre a vida de diferentes organismos antigos, e não apenas dos seres humanos. Os dinossauros, por exemplo, são estudados por paleontólogos, assim como outras formas de vida que foram extintas há milhares de anos, antes da existência do ser humano.

Paleontóloga brasileira Sandra Tavares, diretora do Museu de Paleontologia de Monte Alto, SP. Foto de 2010.

2 O fóssil da imagem **A** é um vestígio de hominídeo? Explique.

3 Paleontólogos e arqueólogos precisam do apoio de outros profissionais para analisar os vestígios encontrados. Pesquise em um dicionário qual é a definição do trabalho de cada profissional listado abaixo e anote-a nos espaços.

a. Biólogo: _____

b. Zoólogo: _____

c. Geólogo: _____

▪ Levante hipóteses sobre como cada especialista acima coopera com paleontólogos e arqueólogos na análise dos fósseis.

Registros

Fósseis humanos no Brasil

Os fósseis de humanos são importantes vestígios, por exemplo, para a elaboração de teorias sobre a chegada do ser humano ao continente americano.

No Brasil, foram encontrados dois importantes fósseis desse tipo. Trata-se de crânios pertencentes a humanos que viveram há cerca de 12 mil anos. Eles foram apelidados de Luzia e de Zuzu pelos pesquisadores que os estudaram. Luzia viveu em territórios do atual estado de Minas Gerais, e Zuzu, no atual estado do Piauí.

Mesmo tendo habitado localidades distantes entre si, eles tinham feições próximas às dos povos africanos: nariz largo, olhos arredondados, queixo e lábios salientes. Isso pode significar que eles não pertenciam ao grupo do qual descendem os indígenas que conhecemos hoje, que se parecem mais com os asiáticos. Esse fato reforça a teoria do estreito de Bering.

Nesse caso, pode ser que tenha havido duas diferentes ondas migratórias. Porém, esse é um assunto que ainda está em análise por diversas equipes de paleontólogos, arqueólogos e outros profissionais.

Fóssil de Luzia e, em segundo plano, reconstituição da face dela feita por pesquisadores.

Fóssil de Zuzu, homem que teria vivido há cerca de 12 mil anos, na mesma época de Luzia.

1 O estudo dos fósseis de Luzia e Zuzu trouxe qual novidade à questão da chegada do ser humano à América?

2 Como americano, você considera importante o estudo desses fósseis? Por quê?

Aprender sempre

1 No espaço abaixo, faça uma linha do tempo, organizando em ordem cronológica o surgimento dos ancestrais do ser humano até a nossa espécie.

Homo erectus   Homo sapiens   Australopiteco

Homo neanderthalensis   Homo habilis

2 Complete as frases abaixo com as expressões que estão na página 145. Para isso, recorte-as e cole-as nas lacunas.

a. A _____ é a ciência que estuda os costumes e as culturas dos povos do passado pela análise dos vestígios materiais deixados por eles, como ruínas e fósseis.

b. Nos _____ são encontrados vestígios de povos do passado. Geralmente, são demarcados, para que os pesquisadores possam trabalhar neles e para que sejam preservados.

c. A _____ é a ciência que estuda as formas de vida que existiram no passado, por meio dos fósseis de diferentes seres.

d. _____ é um vestígio de ser vivo antigo, que foi preservado pela ação da natureza.

28 vinte e oito

3 Conheça a hipótese do arqueólogo Walter Neves sobre os motivos que teriam levado os primeiros seres humanos a migrar.

> **Qual é a sua hipótese para esses grandes deslocamentos humanos?**
>
> **Crescimento demográfico** e competição. [...] Com o crescimento demográfico, surge a necessidade de ocupar novos territórios; com ocupações territoriais sucessivas, a população acaba se expandindo por vastas áreas. Você pode dizer que houve uma, duas ou três populações [...] que contribuíram para formar os americanos. Agora, quantas levas migratórias entraram, isto nós não vamos saber nunca. Porque não houve um processo linear de migração. [...]
>
> **Crescimento demográfico:** aumento da população.

Walter Neves examinando um fóssil. Foto de 2005.

José Tadeu Arantes. No rastro do povo de Luzia. *Le Monde Diplomatique Brasil*, 4 maio 2009. Disponível em: <http://diplomatique.org.br/no-rastro-do-povo-de-luzia/>. Acesso em: 26 maio 2017.

a. De acordo com Walter Neves, o que motivou os deslocamentos humanos? Sublinhe essa informação no texto.

b. Releia o texto da página 20. A hipótese sobre os motivos dos grandes deslocamentos humanos formulada por Walter Neves é semelhante à formulada por Jaime Pinsky ou é diferente dessa hipótese? Explique.

4 A foto a seguir mostra o detalhe de um sítio arqueológico parcialmente destruído devido à extração ilegal de blocos de pedra. Sobre isso, responda:

a. Em sua opinião, que consequências esse tipo de problema pode trazer para o estudo dos vestígios arqueológicos no Brasil?

b. Que medidas poderiam ser tomadas para combater esse tipo de problema?

Sítio arqueológico em Pão de Açúcar, AL, em 2015.

CAPÍTULO 3

Os primeiros povos da América

Provavelmente, a vida dos primeiros habitantes do continente americano e do Brasil era muito diferente da sua. Mas será que havia semelhanças?

Observe as imagens a seguir.

A Alimentos típicos do México. Foto de 2017.

B Objetos de artesanato produzidos no Peru. Foto de 2014.

C Mulheres Yawalapiti produzindo alimento típico. Parque Indígena do Xingu, MT. Foto de 2016.

D Atleta brasileira Ana Marcelle do Santos durante competição dos jogos olímpicos de 2016, no município do Rio de Janeiro.

▶ Quais alimentos aparecem nas fotos **A** e **C**? E quais objetos foram fotografados nas fotos **B** e **D**?

▶ Você costuma ter contato com esses elementos em seu dia a dia?

▶ Esses elementos fizeram parte do cotidiano dos antigos habitantes da América. Você acha que eles consumiam esses alimentos e utilizavam esses objetos do mesmo modo como se faz hoje? Levante hipóteses.

Os seres humanos e os outros animais

Os antigos habitantes da América eram **nômades**. Viviam em pequenos grupos e constantemente estavam migrando, em busca de animais para caçar e de vegetais, como raízes e frutos, para completar sua alimentação.

A cada mudança, esses primeiros grupos tinham de encontrar moradias seguras, como as cavernas, e próximas a fontes de água doce, como nascentes e rios.

Nessa época, havia alguns animais um pouco diferentes dos que conhecemos hoje. Eles tinham peso e tamanho muito maiores e, por isso, o conjunto deles foi chamado de **megafauna**.

Os primeiros humanos não tinham força, tamanho, presas ou garras para enfrentar esses animais. Assim, eles eram facilmente capturados, caso não se protegessem.

No entanto, quando eles uniam forças, formando grupos, conseguiam elaborar estratégias e produzir armas mais eficazes para caçar um animal da megafauna. Ou seja, a formação de grupos poderia garantir alimentos por períodos maiores e favorecer o desenvolvimento de tecnologias de caça.

Fósseis de duas preguiças gigantes (em postura ereta) e de um tigre-dentes-de-sabre encontrados no território brasileiro. Eles estão expostos no Museu Nacional da Universidade Federal do Rio de Janeiro.

Reconstituição de tigre-dentes-de-sabre elaborada a partir de fósseis. A peça está exposta no Museu Húngaro de História Natural, na Hungria.

1 Os primeiros habitantes da América conviveram com a megafauna. Mas será que eles também conviveram com os dinossauros? Para responder, realize uma pesquisa em meios impressos ou digitais e anote as informações solicitadas abaixo no caderno.

a. Data estimada do surgimento dos primeiros hominídeos.

b. Data estimada da extinção dos dinossauros.

Fixando a moradia em um lugar

Há cerca de 11 mil anos, as temperaturas do planeta Terra começaram a aumentar. Esse processo durou centenas de anos e, em algumas regiões da América, os invernos foram ficando menos rigorosos. Isso causou diversos impactos no modo de vida de nossos ancestrais.

Com o clima mais ameno, eles já não precisavam buscar lugares mais quentes a cada inverno. Assim, os seres humanos poderiam parar de se expor aos perigos de migrar. Ao viver em um mesmo lugar por um período maior, alguns grupos humanos foram se tornando **sedentários**. A agricultura e a domesticação de animais foram fundamentais nesse processo, já que permitiram que o homem tivesse um pouco mais de controle sobre o acesso ao alimento.

Outra mudança foi a extinção da megafauna e o surgimento de outras espécies de plantas e animais. Para muitas comunidades caçadoras, o desaparecimento da megafauna levou à busca por outros alimentos, favorecendo o desenvolvimento de novas tecnologias agrícolas. Nessa época, também surgiram as primeiras aldeias.

Há indícios de atividades agrícolas que datam de 7 mil anos atrás, na América do Sul. Nos lugares mais frios, o cultivo do algodão e a criação de animais, como lhamas e alpacas, possibilitaram o desenvolvimento da **tecelagem**.

Rebanho de alpacas em Puno, Peru. Foto de 2017. Atualmente, a criação desses animais é muito comum em vários países da América do Sul.

Artesã peruana confeccionando vestimenta com lã de alpaca, em Cuzco, Peru. Foto de 2017.

2 Os tecidos feitos de algodão, de lã de alpaca e de lã de outros animais ainda são muito utilizados. Você possui peças, como roupas e cobertores, feitas de lã? Procure a composição do tecido nas etiquetas de algumas roupas que você usa e verifique se é de origem animal, vegetal ou sintética.

Principais sítios arqueológicos na América

Os vestígios dos primeiros habitantes da América encontram-se em sítios arqueológicos espalhados pelo continente (veja o mapa).

É importante lembrar que as datações são estimativas baseadas em teorias, que podem ser revistas e reelaboradas. Por exemplo: durante muito tempo, acreditou-se que os vestígios mais antigos dos humanos na América estavam em Clóvis, nos Estados Unidos. Porém, a descoberta e o estudo do fóssil de Luzia, em Lagoa Santa, Minas Gerais, modificaram essa teoria.

As pesquisas realizadas ao longo de mais de cinquenta anos pela arqueóloga Nièdé Guidon, em São Raimundo Nonato, no Piauí, também geraram controvérsias científicas. O texto abaixo aborda as discussões sobre as descobertas de Nièdé.

Fonte de pesquisa: José Jobson de A. Arruda. *Atlas histórico básico*. 17. ed. São Paulo: Ática, 2011. p. 20.

> [...] Os restos mais antigos foram encontrados no Piauí, numa região rochosa cheia de cavernas, em São Raimundo Nonato. Numa caverna chamada "Toca da Pedra Furada" alguns pedaços de carvão parecem datar de mais de 40 mil anos! [...]
>
> Muitos arqueólogos, contudo, não concordam com datas tão antigas e ainda existe muita discussão a respeito. Não basta encontrar carvões de 20 mil ou 40 mil anos. É preciso provar que o homem se utilizou do material que deu origem a esses carvões, e isso é muito difícil.

Norberto Luiz Guarinello. *Os primeiros habitantes do Brasil*. 15. ed. São Paulo: Atual, 2013. p. 12.

1 Observe o mapa novamente. Contorne de **roxo** o sítio arqueológico que pode conter os vestígios mais antigos de grupos humanos. Depois, contorne de **laranja** os sítios arqueológicos que podem conter os vestígios mais recentes.

2 De acordo com Guarinello, por que muitos arqueólogos discordam das datas apresentadas por Nièdé Guidon?

Enquanto isso, no território brasileiro...

Os territórios que hoje formam o Brasil foram ocupados por diversos povos ao longo de milhares de anos.

Há cerca de 6 mil anos, floresceram culturas de **nômades** caçadores e coletores. Ao sul do Brasil, por exemplo, uma dessas culturas dominava tecnologias de caça: construíam instrumentos principalmente de pedra, como a boleadeira e pontas de flecha.

Apesar de os pesquisadores não saberem ainda se esses grupos formavam um único povo, eles foram todos chamados de **Umbu**. Acredita-se que habitavam cavernas e também construíam habitações na superfície, mas não há vestígios sobre o formato dessas moradias.

Vestígios da tradição Umbu. À esquerda, boleadeira e, à direita, várias pontas de flechas feitas de diversos tipos de rocha. Esses instrumentos eram utilizados nas atividades de caça. Eles fazem parte do acervo do Museu do Sambaqui, em Florianópolis, SC.

Além dos povos Umbu, houve outros grupos nômades, em outras partes do território, que usaram as cavernas como habitação. Muitos deles faziam pinturas rupestres, que são importantes vestígios de sua cultura.

Com o passar do tempo, houve também povos que se tornaram sedentários, por dominarem tecnologias de caça, agricultura e cerâmica. Nos locais onde havia abundância de alimentos, como no litoral, o processo de sedentarização foi um pouco mais rápido.

1 Como você imagina que era o cotidiano dos primeiros povos nômades de caçadores e coletores que habitavam o Brasil atual? Escolha uma das características culturais que você conheceu e, em uma folha avulsa, faça um desenho que a represente. Lembre-se de retratar os objetos utilizados por esses ancestrais e indicá-los em uma legenda. Depois, com a orientação do professor, mostre seu desenho para os colegas e observe os desenhos feitos por eles.

Sambaquieiros

Na mesma época em que grupos nômades de caçadores e coletores se desenvolviam no interior do atual Brasil, havia grupos sedentários que habitavam o litoral entre os atuais estados do Pará e do Rio Grande do Sul. Às margens dos rios e à beira-mar, a principal fonte de alimentação desses grupos eram as espécies de moluscos, como ostras, berbigões e mexilhões, que são comuns até hoje em nossas águas. Deles, restavam apenas as conchas.

Da esquerda para a direita: conchas de ostra, concha de berbigão e concha de mexilhão. Muitos moluscos têm conchas para proteger o corpo, que costuma ser mole.

Com o passar do tempo, o acúmulo dessas conchas resultou em grandes montes. Posteriormente, indígenas falantes do tupi-guarani chamaram esses locais de **sambaquis**, que significa "montes de conchas". Muitos deles são pequenos, mas alguns atingem grandes dimensões, com mais de vinte metros de altura e 100 metros de diâmetro.

Sambaqui da lagoa Garopaba do Sul, em Jaguaruna, SC. Foto de 2017. Ele é considerado o maior sambaqui do mundo, com 26 metros de altura e cerca de 6 mil anos.

2 Recorte a ficha da página 147 e preencha-a com informações sobre os sambaquis no Brasil. Para isso, faça uma pesquisa sobre eles em publicações impressas ou digitais. Em uma data combinada, traga a ficha preenchida e compartilhe suas descobertas com os colegas.

A pré-história no Brasil e os sambaquis

Disponível em: <http://tvbrasil.ebc.com.br/expedicoes/conteudo/a-pre-historia-no-brasil-e-os-sambaquis>. Acesso em: 29 ago. 2017.

Saiba mais sobre os povos sambaquieiros nesse episódio do programa *Expedições*, da TV Brasil.

Povos ceramistas

Há cerca de 4 mil anos, alguns povos que habitavam os territórios do atual Brasil começaram a desenvolver duas tecnologias: a agricultura e a fabricação de utensílios de cerâmica.

A cerâmica é a técnica de confecção de objetos de argila, que são cozidos no fogo. Com esses objetos, foi possível às comunidades armazenar e transportar alimentos e também cozinhar. Por isso, para muitos pesquisadores, a presença de objetos de cerâmica em um sítio arqueológico pode indicar que o povo que os produziu também era agricultor.

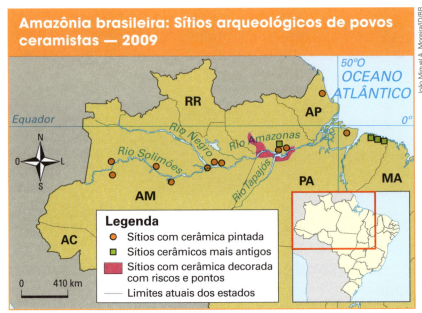

Fonte de pesquisa: Norberto Luiz Guarinello. *Os primeiros habitantes do Brasil*. 15. ed. São Paulo: Atual, 2013. p. 12.

As mais antigas culturas de ceramistas e agricultores habitaram a floresta Amazônica. A cultura **Marajoara**, na ilha de Marajó, e a cultura **Santarém** ou **Tapajônica**, ambas no atual Pará, às margens do rio Tapajós, são dois exemplos.

As práticas agrícolas e ceramistas se disseminaram por quase todo o território há pouco menos de 2 mil anos. Entre os principais vestígios estão os da cultura **Aratu**, espalhados entre os atuais estados de São Paulo e Rio Grande do Norte, e os da cultura **Itararé**, na região atual do Sudeste.

As práticas de todos esses povos influenciaram as culturas dos indígenas que encontraram os portugueses em 1500.

Mó, objeto de cerâmica usado para moer grãos e amolar objetos cortantes, associado à tradição Itararé.

3 Observe o mapa desta página e responda às questões no caderno.

　　a. As culturas dos povos ceramistas e agricultores da floresta Amazônica se desenvolveram em áreas próximas ou distantes dos rios?

　　b. Em sua opinião, por que eles escolheram esses locais para se fixar?

Registros

Cerâmicas Marajoara e Santarém

As peças de cerâmica produzidas pelos povos antigos da floresta Amazônica são importantes documentos históricos. Elas começaram a ser descobertas no século 19 e hoje são apreciadas em museus de diferentes países. As cerâmicas podem ser consideradas **patrimônios culturais materiais**, isto é, fazem parte de um conjunto de bens culturais, como monumentos, construções e obras de arte, que devem ser preservados pelo seu valor para a humanidade.

Os objetos produzidos pelas culturas Marajoara e Santarém guardam algumas particularidades. Observe os exemplos retratados a seguir.

Vaso de cerâmica Marajoara, feito há cerca de 3500 anos, que possivelmente era usado como urna funerária. A urna representa o corpo de uma mulher, e os padrões pintados na cerâmica podem trazer informações a respeito de quem eram os restos mortais contidos nela.

Vaso de cerâmica Santarém, em formato de taça, feito há cerca de 3000 anos. Esse tipo de objeto é chamado de vaso de **cariátides**. Na parte superior da taça, foram esculpidas cabeças de anta e de urubu-rei.

Cariátide: termo de origem grega utilizado para designar, na arquitetura, um pilar com formato de mulher. No caso do vaso, trata-se das três mulheres esculpidas abaixo da taça, como se estivessem sustentando essa parte do vaso.

1 Observem os detalhes de cada vaso retratado e, depois, respondam: Que elementos da natureza e dos povos Marajoara e Santarém poderiam ser considerados importantes para os artesãos que criaram os objetos? Por quê? Levantem hipóteses.

_____
_____

Vamos ler imagens!

Pinturas rupestres

As pinturas rupestres são um dos principais registros deixados pelas primeiras comunidades humanas e podem ser encontradas em diferentes continentes.

Elas eram feitas em rochas, como as paredes de cavernas, com as mãos. A tinta era produzida a partir de uma mistura de restos de carvão, terra, plantas, animais e minerais.

Essas pinturas geralmente retratam animais, cenas de caçada ou outras atividades cotidianas das pessoas que as produziram.

No Brasil, há vários sítios arqueológicos onde é possível encontrar pinturas rupestres. Observe, a seguir, uma delas.

Nela, é possível identificar figuras que lembram seres humanos e outros animais. A cor predominante é a vermelha. Essa informação auxilia os pesquisadores a identificar a composição da tinta utilizada.

Pinturas rupestres de cerca de 12 mil anos encontradas em caverna no Parque Nacional da Serra da Capivara, em São Raimundo Nonato, PI. Foto de 2015.

Agora é a sua vez

1 Sobre a foto da página anterior, preencha o quadro a seguir.

Local onde as pinturas foram feitas	
Quando as pinturas foram feitas	
Situação que a pintura possivelmente representa	

2 Observem a foto abaixo e leiam a ficha de informações sobre ela. Depois, respondam às questões.

Tipo de pinturas	Pinturas rupestres.
Local onde as pinturas foram feitas	Rochas localizadas no município de Carnaúba dos Dantas, no Rio Grande do Norte.
Quando as pinturas foram feitas	Há cerca de 10 mil anos.
Data da foto	2014

a. No caderno, escrevam uma legenda para essa foto.

b. Quais são as cores predominantes dessa pintura? Por que essa informação é importante?

c. Que elementos foram representados na pintura?

d. Agora, usem a imaginação! Criem uma história sobre a situação representada nessa pintura e, depois, contem essa história aos colegas.

3 Em sua opinião, por que as pinturas rupestres são importantes vestígios que nos possibilitam conhecer o modo de vida dos primeiros grupos humanos que habitaram o Brasil?

trinta e nove **39**

Aprender sempre

1 A seguir, há nomes de tradições culturais e de povos antigos do Brasil. Considere o período de desenvolvimento de cada um e numere-os de 1 a 4, organizando-os em ordem cronológica, isto é, do mais antigo para o mais recente. Se houver povos e tradições que se desenvolveram simultaneamente, coloque o mesmo número neles.

☐ Tradição Marajoara   ☐ Tradição Aratu

☐ Tradição Umbu   ☐ Tradição Santarém

☐ Povos sambaquieiros   ☐ Tradição Itararé

2 Leia a notícia a seguir, que aborda a preservação dos sambaquis no atual estado do Paraná. Depois, responda às questões.

> A legislação federal impedindo que os sambaquis sejam devastados só entrou em vigor em 1961, mas não evitou que muitos sítios desaparecessem. Durante a colonização [...], as estruturas foram utilizadas na construção das cidades [...] e as conchas eram queimadas para a produção de cal e argamassa. [...] Séculos depois da construção das cidades, as rodovias estaduais do litoral também foram pavimentadas com sambaquis.
>
> Apesar da legislação vigente, a falta de fiscalização e o tamanho do território do litoral paranaense [...] dificultam a integridade dos sítios. Visitantes sobem nas estruturas ou levam parte do material para casa. A construção de obras em locais onde estão os sambaquis contribui para a devastação. [...]

Carolina G. Belo. Relíquias em sambaquis. *Gazeta do Povo*, 25 ago. 2011. Disponível em: <http://www.gazetadopovo.com.br/vida-e-cidadania/especiais/litoral/reliquias-em-sambaquis-c5iyf44xnzpzqo3eegqsi03f2>. Acesso em: 6 nov. 2017.

a. No passado, que situações levaram à destruição dos sambaquis?

_____

_____

b. Escolha uma cor e sublinhe, no texto, o ano em que a preservação dos sambaquis passou a ser protegida por lei.

c. Mais recentemente, que problemas prejudicam a preservação dos sambaquis?

d. Em sua opinião, por que é importante preservar os sambaquis?

Saber Ser

40 quarenta

3 O texto abaixo, do historiador Pedro Paulo Funari, trata dos primeiros habitantes do Brasil. Leia-o e, depois, faça as atividades a seguir.

Há oito mil anos, já existia gente em todo território. [...] Os antigos habitantes nunca deixaram de caçar, pescar ou colher frutos e raízes, mas alguns começaram a plantar para a sua própria subsistência.

Os povos que plantavam precisavam de recipientes para armazenar os alimentos. Foi assim que inventaram a cerâmica [...]. Muito antes da chegada dos portugueses, os índios já comiam feijão, milho e amendoim, que foram adotados pelos colonizadores. E também cará, mandioca, abacaxi, caju [...].

O plantio de algodão permitiu a produção de tecidos com os quais se protegiam do frio. [...]

O cará é um alimento parecido com o inhame.

Pedro Paulo A. Funari. *Os antigos habitantes do Brasil*. São Paulo: Ed. da Unesp, 2001. p. 32-33.

a. Complete o quadro, indicando a finalidade de cada uma das tecnologias desenvolvidas pelos antigos habitantes do Brasil.

Tecnologia	Finalidade
Cerâmica	
Cultivo de alimentos	
Produção de tecidos	

b. Quais alimentos são citados no texto? Você costuma consumir algum deles?

_____

_____

c. Escolham um desses alimentos e pesquisem uma receita culinária em que eles sejam utilizados. Vocês podem pesquisar a receita em publicações impressas ou digitais ou, ainda, perguntar aos adultos que moram com vocês.

CAPÍTULO 4

Povos antigos da América

Os povos da América desenvolveram diferentes maneiras de pensar o mundo. Os modos como contavam e os tipos de escrita que criaram, por exemplo, são importantes características culturais deles.

A ilustração abaixo mostra o modo como os maias, um povo antigo do continente americano, representavam os números de 0 a 19. O zero era indicado com um símbolo próprio. Cada ponto representava uma unidade, e cada barra equivalia a 5 unidades. Observe o esquema a seguir.

Fonte de pesquisa: Thiago José Bezerra Cavalcanti. *La zona maya no es museo etnográfico, sino pueblos en marcha*: introdução ao calendário maia e à diversidade pan-maia na Mesoamérica. 2014. 104 p. Monografia (Antropologia) – Universidade Federal Fluminense, Niterói.

▸ De acordo com o esquema, como você representaria sua idade?

▸ Em sua opinião, o modo como o sistema de numeração maia era organizado é diferente do sistema de numeração que utilizamos ou é ou parecido com esse sistema? Explique.

▸ Você já tinha ouvido falar nos maias? Em caso afirmativo, compartilhe outras informações que você tem sobre eles com os colegas.

▸ Que outros povos antigos da América você conhece?

Um continente, muitas culturas

Neste capítulo, vamos conhecer alguns povos antigos de duas regiões da América: a Mesoamérica e os Andes (veja o mapa ao lado). Lembre-se de que essa divisão regional é atual.

Em algumas dessas sociedades antigas, a produção de alimentos com uso de ferramentas agrícolas cada vez mais sofisticadas resultou na produção de **excedentes**: alguns povos passaram a produzir mais alimentos que o necessário para o próprio consumo. Com o tempo, esses excedentes começaram a ser trocados entre os povos, originando o **comércio**.

Fontes de pesquisa: Leiden University Centre for Linguistics, 2015. Disponível em: <https://www.universiteitleiden.nl/en/research/research-projects/humanities/the-linguistic-past-of-mesoamerica-and-the-andes-a-search-for-early-migratory-relations-between-north-and-south-america>. Acesso em: 31 maio 2017; Patrick K. O'Brien (Ed.). *Philip's atlas of world history*. London: Institute of Historical Research, University of London, 2007. p. 110.

Outra consequência da abundância de alimentos foi o crescimento das populações, sendo que muitas comunidades populosas passaram a se organizar em **Estados**. A palavra Estado, nesse caso, define a organização política e administrativa do povo que exerce poder sobre determinada região. Dessa forma, o Estado seria responsável, por exemplo, pela criação de leis e pelo recolhimento de tributos.

Porém, o desenvolvimento do comércio e do Estado não ocorreu em todas as comunidades do mundo ao mesmo tempo. Povos nômades, de caçadores e coletores, povos sedentários, de agricultores, ceramistas e pastores, e povos organizados em torno de um Estado conviveram no mesmo período, ainda que nem sempre tivessem contato uns com os outros.

1 O Brasil faz parte de alguma das regiões destacadas no mapa?

2 Em sua opinião, a sociedade brasileira está organizada em um Estado? Por quê? Levante hipóteses.

Povos mesoamericanos

Diversos povos habitaram a região da Mesoamérica em diferentes épocas. O contato entre as várias sociedades e culturas possibilitou que elas desenvolvessem costumes semelhantes e compartilhassem conhecimentos e técnicas, como tecnologias agrícolas e arquitetônicas.

O texto a seguir, do historiador Eduardo Natalino dos Santos, aborda algumas características dos povos mesoamericanos.

> Quando os primeiros castelhanos chegaram a Tenochtitlán, capital dos domínios mexicas, estavam adentrando em uma jovem cidade que fazia parte de um processo [...] que se iniciara 3 000 anos antes. [...] Quando os sábios ou alunos indígenas concediam algum depoimento aos [...] religiosos espanhóis ou confeccionavam seus próprios escritos estavam se ancorando em um antigo e difundido sistema de escrita [...].
>
> [...]
>
> Estes povos compartilhavam características comuns a todos os outros povos que habitavam a região denominada [...] Mesoamérica.

Castelhano: espanhol.
Ancorar: no texto, significa usar como base.

Reprodução de mapa da cidade de Tenochtitlán, feito por espanhóis em cerca de 1524, representando a cidade que foi a capital do povo mexica.

Eduardo Natalino dos Santos. *Deuses do México indígena*. São Paulo: Palas Athena, 2002. p. 39.

Essas sociedades, em geral, estavam organizadas em **hierarquias**, e havia uma divisão de trabalho bem estabelecida, em que algumas das funções eram: guerreiros, artesãos, camponeses e comerciantes, por exemplo.

Hierarquia: no texto, significa que havia grupos sociais que dominavam outros, isto é, exerciam o poder sobre eles.

As religiões eram politeístas, isto é, cultuavam vários deuses. Cada povo acreditava em divindades específicas e tinha maneiras próprias de realizar cultos.

1 Que tipos de vestígios o historiador Eduardo Natalino dos Santos pode ter estudado para conhecer melhor os povos mesoamericanos do passado? Retome o texto dele reproduzido acima e levante hipóteses.

Teotihuacanos

Teotihuacán, erguida há mais de dois mil anos em um território próximo da atual Cidade do México, destacou-se por ter sido uma cidade planejada. Ou seja, foi elaborado um plano para sua construção e, assim, a ocupação do espaço não ocorreu de modo desordenado. Às margens da larga avenida que atravessava a cidade, foram construídas diversas pirâmides. Os especialistas acreditam que essas construções eram templos religiosos.

Apesar desses vestígios materiais, pouco se sabe sobre o povo que construiu a cidade de Teotihuacán. Acredita-se que eram guerreiros e que, pouco a pouco, foram dominando outros povos da região, obrigando-os a pagar tributos.

Vista da Avenida dos Mortos e da Pirâmide do Sol. Esses são vestígios imponentes de Teotihuacán na Cidade do México, México, 2015.

O auge do domínio teotihuacano ocorreu entre os séculos 5 e 7. As causas do fim desse povo ainda são desconhecidas. Há teorias que explicam que os teotihuacanos foram derrotados por povos dominados que se rebelaram contra seu governo.

Os teotihuacanos, assim como outros povos mesoamericanos, cultuavam a Serpente Emplumada. Observe, ao lado, o formato da cabeça de serpente no detalhe da Pirâmide do Sol. Foto de 2016.

2 O município onde você mora foi planejado? Em caso afirmativo, pesquise em meios impressos ou digitais como ocorreu o planejamento.

3 Há alguma semelhança entre as ruínas da cidade de Teotihuacán e a parte urbana do município onde você mora? E diferenças?

As cidades maias

Na mesma época em que os teotihuacanos se desenvolveram, outros povos surgiram em outras partes da Mesoamérica. Um deles foram os maias. A cultura maia é uma das mais influenciadas pelos olmecas, antigos ocupantes da península de Yucatán, no atual México. Os olmecas entraram em declínio há cerca de 2300 anos, época em que as cidades maias começaram a surgir.

Os maias não se organizavam sob o domínio de um poder centralizado ou com um único governante. Cada cidade maia era politicamente independente. Por isso, os historiadores costumam chamá-las de **cidades-Estado**.

No auge dessa cultura, havia mais de 50 cidades, distantes entre si, cujos habitantes falavam a língua **náuatle**. O chefe de cada cidade era como um rei, que governava em nome de uma divindade específica. A maior parte da população, formada por artesãos, agricultores e pastores, vivia em aldeias nas florestas e ia às cidades para realizar comércio, pagar tributos ao chefe da cidade e participar das cerimônias e festividades religiosas.

A ligação entre as cidades era feita por estradas, o que também facilitava o comércio de longa distância (veja o mapa ao lado).

As cidades maias entraram em declínio a partir do século 15, quando foram conquistadas pelos mexicas, aos quais tiveram, então, de pagar tributos.

Fonte de pesquisa: Eduardo Natalino dos Santos. *Deuses do México indígena*. São Paulo: Palas Athena, 2002. p. 61.

A: Templo de Kukulkán; **B**: Casa de Las Tortugas; **C**: Templo de Los Frescos; **D**: Edifício B de Xpuhil; **E**: Templo I de Tikal; **F**: Templo de Las Inscripciones; **G**: Edifício 33 de Yaxchilán; **H**: Templo da Escada Hieroglífica.

4 Observe os templos maias retratados acima e responda: Há semelhança entre eles e aqueles das fotos da página 45? Por quê? Levante hipóteses.

Os mexicas

De acordo com a mitologia, os mexicas seriam descendentes de um povo que habitava uma região lendária chamada **Aztlán**. Eles teriam migrado dessas terras e se instalado em Texcoco, que fica no sul do atual México.

Império: é um Estado que controla e administra grandes extensões territoriais e tem o poder centralizado na figura de um rei ou de um imperador.

Segundo os historiadores, a partir de Texcoco os mexicas começaram a dominar outros povos da Mesoamérica. Pouco a pouco, constituíram um **Império** que teve seu auge entre os séculos 12 e 16. Retomando a crença na origem em Aztlán, os mexicas passaram a ser denominados **astecas**.

O Império Asteca

O Império Asteca tinha um poderoso exército e era composto de mais de 500 cidades. Nelas, viviam povos de diferentes línguas e costumes que deviam obediência ao imperador.

Além disso, esses povos pagavam tributos de diversos tipos ao Estado asteca, como algodão, mel de abelhas, penas de aves raras, pedras e metais preciosos.

O imperador vivia na principal cidade do Império, a capital Tenochtitlán. Entre suas funções estavam o comando do exército, a organização do espaço físico das cidades e o controle dos estoques de alimentos.

Dos povos mesoamericanos que você estudou até agora, os astecas são os mais recentes. Eles eram um poderoso Império na época em que os espanhóis chegaram à América, no século 15. O declínio dos astecas está associado à luta contra a invasão espanhola.

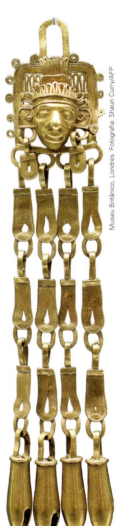

Pendente de ouro feito entre os séculos 13 e 16, utilizado pelos chefes militares do Império Asteca. A joia era um símbolo da liderança militar asteca.

5 Recorte e cole abaixo as funções do imperador asteca listadas na página 145.

▪ A cidade de Tenochtitlán

Tenochtitlán se localizava na região onde hoje está a Cidade do México. Como capital asteca, abrigava pelo menos 200 mil habitantes. Ocupando as margens do lago Texcoco, uma área pantanosa, seu crescimento só foi possível devido à realização de grandes **obras de aterro e drenagem**. Os astecas fincaram milhares de estacas de madeira no pântano e sobre essas estacas colocaram muitas rochas e terra para criar uma superfície plana e resistente em que pudessem construir casas.

Para praticar a agricultura, construíram **chinampas**, que eram ilhas artificiais sobre os lagos, feitas de barro e de restos de árvores.

Reprodução de ilustração do Templo Maior de Tenochtitlán, retirada do **códice** Ixtlilxochitl, feito no século 16.

Códice: conjunto de folhas com escritos e ilustrações antigos, feitos à mão (manuscritos) e reunidos em formato de livro. No caso do códice de Ixtlilxochitl, os manuscritos foram feitos por mexicas e seus descendentes.

No centro de Tenochtitlán, destacava-se o imponente Templo Maior, uma enorme pirâmide de degraus. Cada imperador que assumia o trono acrescentava degraus ao templo. Na cidade, havia amplas avenidas, praças, templos, palácios e residências. Nas chinampas, ocorriam as produções agrícolas, como o cultivo de milho, feijão, tomate, pimenta, abóbora, cenoura e batata-doce.

Tenochtitlán tinha diversos canais, nos quais circulavam canoas. A cidade era ligada a terras mais secas por amplas passarelas, com pontes de madeira que poderiam ser suspensas em caso de ataques de inimigos.

O abastecimento de água potável era garantido por aquedutos que traziam a água das montanhas. Essa água era distribuída para fontes ou reservatórios públicos, instalados por toda a cidade. Como não havia sistema de esgoto, os dejetos, como fezes e urina, eram recolhidos diariamente e levados para aterramentos em locais fora da cidade. Assim, as águas do lago eram mantidas limpas.

6 As estruturas astecas apresentadas no texto e na imagem acima se parecem com estruturas que você já viu no município onde mora? Explique.

Povos andinos

Na América do Sul, indígenas de origem **quéchua** tornaram-se sedentários em áreas da **cordilheira** dos Andes, localidades que se situam em altitudes de 3 600 a 3 800 metros acima do nível do mar. Essa região é chamada de **Andina**.

> **Cordilheira:** conjunto de montanhas altas, unidas entre si e com características em comum.

Indígenas da região Andina em Puno, Peru. Foto de 2014.

Por volta do século 10, as comunidades camponesas, distribuídas em vários locais da cordilheira dos Andes, trabalhavam em condições muito difíceis para sobreviver. A agricultura nas montanhas exigia a construção de terraços dispostos em degraus, sustentados por muretas e irrigados com água canalizada das geleiras das montanhas. Essa técnica é chamada de **terraceamento**.

O solo era fertilizado com o **guano**, um adubo resultante do excremento de aves marinhas. As principais espécies vegetais cultivadas eram o feijão, o milho, a batata, a mandioca e o tomate.

Os rebanhos, formados por lhamas, alpacas e vicunhas, geralmente ficavam sob os cuidados de crianças e adolescentes. Esses animais forneciam lã, couro e carne e também eram usados como meio de transporte.

Lhamas e alpacas (pelagem escura) no Peru. Foto de 2015.

1 Como os povos andinos superaram as dificuldades de viver na cordilheira dos Andes?

2 As imagens desta página mostram aspectos do passado ou do presente das culturas andinas? Explique.

O Império Inca

Os incas eram uma grande sociedade de origem quéchua que se estabeleceu na cordilheira dos Andes, em terras que hoje fazem parte do Peru.

Por volta de 1438, eles iniciaram a expansão de seus territórios, organizando um **Estado militarista** que dominou os povos vizinhos.

A sociedade inca também era hierarquizada. As comunidades de camponeses e artesãos andinos obedeciam à liderança do **Sapa Inca**, o imperador, considerado filho do deus Sol. Ao Sapa Inca eram atribuídos poderes mágicos, como controlar as erupções vulcânicas e adivinhar o futuro.

Estado militarista: Estado baseado na força de um exército bem equipado e treinado que, geralmente, domina e submete outros povos.

Observe o esquema abaixo.

O Sapa Inca vivia na cidade de **Cuzco** com a família real e seus servos. Nessa cidade, também moravam os principais sacerdotes e nobres da sociedade inca.

Cuzco era o centro político do Império e a comunicação entre as regiões era feita por 16 mil quilômetros de estradas. Construídas e pavimentadas com blocos de pedra, essas estradas eram muito úteis também para o deslocamento rápido das tropas do exército.

3 Observe as personagens representadas no esquema acima sobre a sociedade inca. Como os grupos sociais foram representados? Descreva-os, observando as roupas e os objetos que eles apresentam.

■ Cidade magnífica

Os incas construíram seus templos e palácios em pedra, utilizando instrumentos feitos de cobre ou bronze. Os blocos de pedra eram unidos sem nenhum material colante: eram apenas encaixados. Como havia muitos terremotos na região, as paredes construídas apresentavam uma leve inclinação para evitar desmoronamentos. Os tetos das casas eram de palha.

Entre todas as cidades do Império Inca a mais bem preservada atualmente é Machu Picchu, que significa, em quéchua, "montanha velha". A cidade foi erguida no topo de uma montanha, a 2 400 metros de altitude, e acredita-se que tenha sido um centro para cerimônias religiosas. O texto a seguir é sobre ela.

Quem nunca ouviu falar de Machu Picchu, a cidade sagrada dos incas? É um passeio obrigatório para quem viaja ao Peru. O lugar é belíssimo, lá nas montanhas dos Andes. [...]

[...] É verdade que da antiga cidade sagrada restam apenas ruínas. Mas que ruínas! Dá para se imaginar o esplendor do antigo Império do Sol! Os santuários, as casas do povo, as moradas dos guerreiros e sacerdotes, as escadarias onde se plantavam batatas...

Vista das ruínas de Machu Picchu, no atual Peru. Foto de 2016.

Machu Picchu permaneceu séculos escondida no meio das montanhas andinas, até que, em 1911, um arqueólogo norte-americano a descobriu. Ninguém morava mais lá, estava completamente abandonada, como se fosse uma cidade fantasma. A essa altura, você deve estar se perguntando: quem a teria construído com tanta grandeza nas montanhas andinas? E o que teria acontecido para que fosse abandonada por todos? [...]

Ronaldo Vainfas. O Império do Sol. *Ciência Hoje das Crianças*, 27 jul. 2011. Disponível em: <http://chc.org.br/o-imperio-do-sol/>. Acesso em: 31 jul. 2017.

4 Sublinhe, no texto, as construções identificadas nas ruínas de Machu Picchu.

5 Levante hipóteses para responder à última pergunta do texto do historiador Ronaldo Vainfas.

Pessoas e lugares

Os incas de hoje: o povo Q'ero

Nas montanhas andinas, a cerca de 200 quilômetros da cidade de Cuzco, no Peru, vive o povo Q'ero, considerado descendente direto dos incas antigos. Eles permaneceram isolados por mais de cinco séculos até serem localizados por pesquisadores na década de 1950. Ao longo desse tempo, os Q'ero preservaram diversos costumes incas, como a língua e as práticas religiosas.

Entre essas práticas destacam-se o culto à divindade Pachamama, que significa "Mãe Terra", e o culto aos Apus, os espíritos das montanhas. Também foram mantidas as técnicas agrícolas, de domesticação de animais, de extração e transformação da prata e de fabricação de roupas, calçados e outros objetos.

A organização social dos Q'ero também remete à dos incas antigos. Apesar de não haver um Sapa Inca, há líderes em cada núcleo familiar, e os sacerdotes têm grande poder. Eles praticam rituais para obter boa saúde e boas colheitas e transmitem oralmente os conhecimentos milenares do povo aos mais novos, garantindo a continuidade das tradições e a preservação dos costumes de seus ancestrais.

Fonte de pesquisa: Holly Wissler. Q'eros, Perú: la regeneración de relaciones cosmológicas e identidades específicas a través de la música. *Anthropologica*, Lima, n. 28, p. 96, dez. 2010. Disponível em: <http://www.scielo.org.pe/pdf/anthro/v28n28/a05v28n28.pdf>. Acesso em: 27 jul. 2017.

As habitações Q'ero estão a cerca de 4 500 metros de altura e se assemelham às moradias dos antigos incas, feitas de barro e pedras e cobertas com palha. Foto de 2011.

Vários rituais sagrados dos antigos incas são realizados pelos sacerdotes Q'ero. Em 2007, o Instituto Nacional de Cultura do Peru reconheceu a importância dessa comunidade, declarando a cultura Q'ero patrimônio cultural da nação peruana. Na foto de 2013, ritual na montanha Huaman Llipa, considerada sagrada. Ela fica na parte peruana da cordilheira dos Andes.

CHARTON Franck/hemis.fr/Alamy/Fotoarena

1 O povo Q'ero preservou as tradições de seus antepassados transmitindo-as oralmente de geração a geração. Para você, como isso contribuiu para a preservação da cultura dessa comunidade? Por quê?

2 Você conhece outros povos que preservam os costumes dos antepassados? Quais? Cite exemplos desses costumes.

3 Há pouco mais de dez anos, a cultura do povo Q'ero foi declarada patrimônio cultural do Peru. Em sua opinião, esse reconhecimento é importante? Por quê?

Aprender sempre

1 Observe as fotos abaixo, leia as legendas e, em seguida, complete o quadro com informações de cada foto.

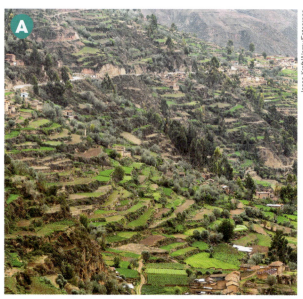

Terraços agrícolas tradicionais em Tarma, Peru. Foto de 2014.

Ilhas artificiais utilizadas em práticas agrícolas na Cidade do México, México. Foto de 2016.

	Foto A	Foto B
Data da foto		
Técnica retratada		
Povo antigo da América que desenvolveu essa técnica		
Importância da técnica para o modo de vida desse povo		

■ Agora, responda: Em sua opinião, as fotos mostram transformações ou permanências históricas? Explique.

2 Ligue as cidades antigas da Mesoamérica às descrições corretas.

Cuzco	Localizada próximo à atual Cidade do México, o conjunto de ruínas dessa cidade indica que sua construção foi planejada.
Tenochtitlán	Capital do Império Inca, localiza-se no atual Peru. Em seu auge, dispunha de mais de 16 quilômetros de estradas.
Machu Picchu	Capital do Império Asteca. Destacava-se pelos canais utilizados para a navegação.
Teotihuacán	O conjunto de ruínas dessa cidade inca, localizada no atual Peru, indica que, provavelmente, foi construída para finalidades religiosas.

3 Leiam, a seguir, o trecho de uma notícia sobre um sítio arqueológico americano.

> Uma missão da Unesco, agência das Nações Unidas para a educação, a ciência e a cultura, se mostrou preocupada após avaliação sobre a conservação do sítio arqueológico de Machu Picchu, no Peru. [...]
>
> O povoado de Águas Calientes, situado na parte baixa do complexo arqueológico, se tornou uma ameaça para o sítio por seu crescimento desordenado em número de habitantes, hotéis, restaurantes e comércio informal. [...]
>
> A famosa cidadela, construída no século 15 pelo imperador inca Pachacutec, foi declarada patrimônio cultural da humanidade em 1983. [...]

France Presse. Unesco, preocupada, pede medidas para salvar Machu Picchu. *G1*, 26 maio 2012. Disponível em: <http://g1.globo.com/pop-arte/noticia/2012/05/uneso-preocupada-pede-medidas-para-salvar-machu-picchu.html>. Acesso em: 5 ago. 2017.

a. Contornem, no texto, o nome do sítio arqueológico mencionado na notícia.

b. Sublinhem o trecho que trata dos problemas que ameaçam esse sítio arqueológico.

c. Na opinião de vocês, qual é a responsabilidade dos turistas com a preservação da região? Que cuidados devem ser tomados quando visitamos um sítio arqueológico como esse?

CAPÍTULO 5

Povos indígenas da América

De acordo com dados coletados e divulgados pela Organização das Nações Unidas (ONU), em 2014 a população total de indígenas no mundo era de cerca de 370 milhões de pessoas, o que corresponde a 5% do total da população mundial.

Veja, nas fotos a seguir, algumas crianças de diferentes povos nativos.

Crianças aborígenes em Sydney, Austrália. Foto de 2017.

Crianças inuítes no Alasca, Estados Unidos. Foto de 2015.

Crianças kayapós em Terra Indígena kayapó, em São Félix do Xingu, PA. Foto de 2016.

Crianças maias em Concaste, Guatemala. Foto de 2016.

▶ Observe a diversidade das crianças mostradas nessas fotos. Em sua opinião, o termo "indígena" foi criado por esses povos para definirem a si próprios? Levante hipóteses.

▶ Qual dessas fotos mostra crianças indígenas que não são do continente americano? Você sabia que nesse lugar também havia populações indígenas?

Indígenas na América Latina hoje

Alguns povos antigos que habitavam a América, como os maias e os mexicas, que você estudou no capítulo anterior, são considerados indígenas ou nativos e também podem ser chamados de **ameríndios**. Muitas deles desapareceram ao longo do tempo, principalmente devido à ação dos colonizadores europeus a partir do século 16.

Atualmente, as populações nativas sobreviventes continuam em luta pela manutenção e preservação de seus costumes.

Em 2014, na **América Latina**, havia cerca de 45 milhões de indígenas, que faziam parte de diferentes povos.

América Latina: região do continente americano que engloba os países colonizados por Portugal, Espanha ou França. Compreende o México, na América do Norte, e os países da América Central e da América do Sul.

Fonte de pesquisa: Comissão Econômica para a América Latina e o Caribe (Cepal). *Os povos indígenas na América Latina*: avanços na última década e desafios pendentes para a garantia de seus direitos. Santiago: Nações Unidas, 2015. p. 41.

1 Analise o mapa acima e responda às questões a seguir no caderno.

   a. Qual é o país latino-americano que tem a maior porcentagem de população indígena, em relação à população total?

   b. Qual é a população de indígenas no Brasil? E a porcentagem em relação à população total?

2 Se os indígenas foram os pioneiros na ocupação da América Latina, por que, hoje, na maioria dos países eles são minoria? Levante hipóteses.

Povos indígenas do Brasil

No Brasil, existem diferentes povos indígenas com costumes e tradições próprios, como os Guarani, os Baniwa e os Charrua, entre muitos outros.

Alguns vivem isolados em aldeias no meio da floresta, sem contato com os não indígenas. Outros vivem no campo ou nas cidades, e muitos deles incorporaram hábitos da sociedade não indígena. Isso não faz com que deixem de ser indígenas. O texto e as imagens abaixo mostram alguns exemplos disso.

> Denunciar crimes ambientais, preservar e divulgar sua cultura, defender seus direitos, mostrar suas condições de vida. Lutas diárias de diversas comunidades indígenas que, agora, ganharam uma aliada poderosa: a internet.
>
> Muitos povos indígenas têm usado a rede para atingir um público grande, dentro e fora do país. [...] "A internet possibilita aos indígenas divulgar suas culturas e potencialidades de forma mais independente e autônoma, se fazendo conhecer e dialogando diretamente com a população nacional", aponta Thiago Cavalcante, historiador e pesquisador do Laboratório de Arqueologia, Etnologia e Etno-História (Etnolab) da Universidade Federal de Grande Dourados (UFGD) [...].

Chris Bueno. Comunidades indígenas usam a internet e redes sociais para divulgar sua cultura. *Ciência e Cultura*, Campinas, SBPC, v. 65, n. 2, abr./jun. 2013. Disponível em: <http://dx.doi.org/10.21800/S0009-67252013000200006>. Acesso em: 31 out. 2017.

Professor e alunos pataxós em sala de aula de escola indígena na Terra Indígena pataxó, Porto Seguro, BA. Foto de 2014.

Indígena usando celular para tirar fotos durante os Jogos Mundiais dos Povos Indígenas, realizados em Palmas, TO. Foto de 2015.

3 Que costumes não indígenas foram retratados nas imagens acima e abordados pelo texto? Você costuma realizar atividades parecidas? Quais?

4 De que maneira esses costumes podem auxiliar os indígenas na luta pela preservação de suas tradições? Explique.

As Terras Indígenas

Em 1988, a **Constituição** do Brasil considerou que os indígenas foram os primeiros habitantes do território brasileiro, garantindo-lhes, assim, a posse das terras que tradicionalmente ocupam. O Estado ficou com a responsabilidade de demarcar essas terras, ou seja, de delimitar e proteger as áreas onde os indígenas vivem.

Constituição: é a lei maior do país, na qual estão os princípios que regem o funcionamento da nação.

Essa medida foi tomada depois de séculos de luta dos povos indígenas. Desde o período colonial, eles sofrem com a invasão de seus territórios.

Calcula-se que as Terras Indígenas correspondem a cerca de 14% do território brasileiro. Mas, ainda hoje, nem todas foram demarcadas pelo governo. Os indígenas continuam a enfrentar pessoas e grupos que, muitas vezes com o uso de violência, desrespeitam suas terras. Sobre isso, leia o texto a seguir.

Suas terras são invadidas por garimpeiros, pescadores, caçadores, posseiros, fazendeiros, empresas madeireiras... Outras terras são cortadas por estradas, ferrovias, linhas de transmissão de energia ou têm partes inundadas por usinas hidrelétricas.

Além disso, é bastante comum os índios sofrerem os efeitos daquilo que acontece fora de suas terras, nas regiões que as cercam: poluição de rios, desmatamentos, queimadas etc.

[...]

Indígenas durante reivindicação em Brasília, DF, pela demarcação de seus territórios. Foto de 2015.

Quem invade as Terras Indígenas? Povos Indígenas no Brasil Mirim. Instituto Socioambiental (ISA). Disponível em: <https://mirim.org/en/comment/reply/11920>. Acesso em: 28 set. 2017.

5 Leia novamente o texto e observe a foto acima.

a. Quais empreendimentos ameaçam as Terras Indígenas?

b. Quais grupos ameaçam as Terras Indígenas? Sublinhe no texto.

c. A foto comprova ou contraria as informações do texto? Explique.

d. Em sua opinião, por que a demarcação das Terras Indígenas é importante?

Os indígenas da Bolívia

As terras da atual Bolívia faziam parte do Império Inca. Atualmente, nesse país, mais da metade da população é indígena, como você viu no mapa da página 57. A diversidade desses povos é muito grande. Além dos grupos que falam quéchua (que somam 1,84 milhão de pessoas), existem os Aimará, os Chiquitano, os Guarani, os Guarayo, entre outros.

Cada um desses povos tem suas especificidades na língua, nas crenças, na alimentação, nas vestimentas, etc. Mas, em comum, todos esses povos preservam aspectos da cultura de seus antepassados.

Os Chiquitano, por exemplo, são um dos povos mais numerosos da Bolívia. Sua língua é a quarta mais falada no país. Eles são conhecidos pelo rico artesanato, como redes, potes de cerâmica e recipientes de madeira. Uma das festas tradicionais desse povo é o *Carnavalito* (ou *Curussé*). Nesse evento, eles tocam tambores e flautas e fazem um desfile com bandeiras coloridas.

Os povos que falam quéchua são o maior grupo indígena na Bolívia. Em segundo lugar, estão os indígenas aimarás.

Indígenas aimarás comemoram o Ano-Novo Andino nas ruínas da cidade de Tiahuanaco, Bolívia. Foto de 2017.

6 Na comunidade onde você vive, existe alguma celebração como a mostrada na foto desta página? Em caso afirmativo, o que é celebrado?

7 Atualmente, o Brasil costuma receber muitos imigrantes bolivianos. Com a orientação do professor, façam uma pesquisa sobre a comunidade boliviana mais próxima de onde vocês moram, buscando informações em publicações impressas e digitais, além de combinar uma entrevista com pessoas dessa comunidade. Procurem descobrir se eles têm origens indígenas, há quanto tempo estão no Brasil, por que decidiram imigrar e se mantiveram costumes indígenas aqui. Anotem as descobertas no caderno e, depois, compartilhem os resultados da pesquisa com a turma.

Um Estado plurinacional

Em razão da diversidade de povos que compõem a Bolívia, esse país tem o nome oficial de Estado **Plurinacional** da Bolívia. O país também reconhece oficialmente, além do espanhol, 37 línguas indígenas.

> **Plurinacional:** refere-se à existência de diferentes grupos nacionais dentro de um Estado.

Essas medidas foram importantes para valorizar e manter viva a cultura dos povos nativos da região. Sobre isso, leia a reportagem a seguir.

Membros da **etnia** Guarani na região central da Bolívia conseguiram formar um governo **autônomo** indígena, o primeiro do país [...]. O governo será regido mediante os costumes ancestrais da etnia, sem afetar as normas nacionais e regionais, e passará a valer a partir de 2017. [...]

A formação de governos locais foi possibilitada pela Constituição de 2009 da Bolívia, que converteu o país em um Estado plurinacional, reconhecendo e legitimando a existência de diversos grupos nacionais dentro do território boliviano.

> **Etnia:** grupo de pessoas ou comunidades que compartilham os mesmos costumes, língua, religião, tradição, território, entre outros aspectos.
> **Autônomo:** independente; livre.

Desfile militar na Bolívia, em 2017. Nele, é possível identificar, ao centro, a bandeira nacional da Bolívia e, à frente e ao fundo, a bandeira Wiphala, que representa a pluralidade de povos indígenas.

Etnia guarani forma primeiro governo autônomo indígena da Bolívia. *Opera Mundi*, 14 set. 2016. Disponível em: <http://operamundi.uol.com.br/conteudo/noticias/45244/etnia+guarani+forma+primeiro+governo+autonomo+indigena+da+bolivia.shtml>. Acesso em: 25 set. 2017.

8 De acordo com o texto, responda às questões.

a. Qual é o significado de a Bolívia ter se tornado, em 2009, um Estado plurinacional?

b. Identifique uma consequência positiva dessa medida.

A Guatemala e a preservação da cultura maia

Na Guatemala, outro país da América Latina, 41% da população é indígena, descendente dos antigos maias que viveram naquela região.

Ainda hoje, os guatemaltecos preservam diversos aspectos culturais de seus antepassados, como as línguas e os hábitos alimentares. O milho, por exemplo, continua sendo o principal alimento consumido por essa população.

A antiga técnica de produção de tecidos artesanais, com uso de tintas naturais, também foi preservada, principalmente por mulheres do povo Tzutujil. Elas vivem na cidade de San Juan La Laguna, onde mantêm, desde 1993, a Associação Ixoq Ajkeem, que significa "mulher tecelã" nas línguas maias. Essas mulheres utilizam as técnicas de tecelagem dos maias antigos para prover o sustento de suas famílias.

Seus tecidos são muito valorizados tanto pelo povo da Guatemala quanto pelos turistas que visitam o país.

Artesã maia confeccionando tecido tradicional em povoado próximo do lago de Atitlán, Guatemala. Foto de 2015.

9 Você aprendeu que a preservação da técnica de produção de tecidos na Guatemala favorece a preservação da cultura maia. Escreva uma frase explicando essa relação. Depois, leia sua frase para os colegas e ouça as frases que eles criaram.

10 Você conhece algum tipo de produção artesanal de tecidos no município onde mora? Em caso afirmativo, responda: Que tipos de tecido são produzidos, quais são os profissionais envolvidos nessa produção e como os tecidos são utilizados?

Os indígenas na América do Norte

Na América do Norte, também existem populações indígenas. Nos Estados Unidos, por exemplo, ela está estimada em cerca de 2,9 milhões de pessoas, o que representa quase 1% da população total do país.

Os indígenas integram diferentes povos, como Navajo, Cherokee, Choctaw, Sioux, Chippewa, Apache, Blackfeet, Iroquês, Pueblo, entre muitos outros. O mapa ao lado representa a área por onde o povo Sioux está distribuído.

Os Sioux têm se destacado na luta pela preservação do meio ambiente contra empresas e pessoas que querem explorar os recursos naturais dos locais onde vivem. Para eles, essa é uma forma de preservar também o próprio modo de viver, sua cultura e suas crenças.

Fonte de pesquisa: The lost land. *National Geographic*. Disponível em: <http://ngm.nationalgeographic.com/2012/08/pine-ridge/reservation-map>. Acesso em: 25 set. 2017.

Nativos protestam em apoio aos indígenas Sioux que lutam contra a construção de um oleoduto que vai invadir suas terras, poluindo um rio e destruindo locais sagrados. Colorado, Estados Unidos. Foto de 2016.

Na década de 1960, os povos indígenas do país conquistaram o reconhecimento de sua **soberania**. Em 2016, havia mais de 560 governos indígenas reconhecidos oficialmente.

Soberania: respeito ao poder de decisão dentro de um território.

1 Observe a foto acima e leia a legenda. Depois, escreva uma frase relacionando o protesto retratado com os costumes dos Sioux.

Aprender sempre

1 Cada povo indígena do Brasil tem os próprios costumes e crenças. Isso também se reflete no modo como cada um conta a passagem do tempo. Conheçam, a seguir, o calendário do povo Ikpeng, que vive no Parque Indígena do Xingu, no Mato Grosso.

Janeiro, mês de milho.
Fevereiro, mês de abóbora.
Março, mês de batata.
[...]
Maio, mês de banana.
Junho, mês de **timbó**.
Julho, mês de periquito.
Agosto, mês de **tracajá**.
Setembro, mês de "**Kuaryp**".
Outubro, mês de pequi.
Novembro, mês de chuva.
Dezembro, mês de melancia.

Timbó: planta utilizada na pesca, pois é tóxica para os peixes.
Tracajá: espécie de tartaruga de água doce.
Kuaryp: ritual que homenageia os mortos, também chamado de Quarup.

Calendário feito por Maiwá Ikpeng, em 1988.

Tawalu Trumai. Calendário indígena. Em: *Geografia indígena*: Parque Indígena do Xingu. Brasília: ISA/MEC/SEF/DPEF, 1988. p. 55.

a. Identifiquem os elementos do calendário Ikpeng e completem o quadro.

Animais	
Vegetais	
Águas	

b. Para vocês, esses elementos estão mais relacionados às atividades urbanas ou às atividades rurais? Esses itens fazem parte do dia a dia de vocês? Expliquem.

c. Na opinião de vocês, o calendário utilizado atualmente pela sociedade não indígena é baseado em elementos semelhantes aos do calendário dos Ikpeng ou diferentes dele? Contem a opinião de vocês para os colegas.

2 O texto abaixo foi escrito por Wilma Mankiller, ex-cacique da nação Cherokee, que vive nos Estados Unidos. Ela foi a primeira mulher a ocupar essa posição. Leia o texto e, depois, responda às questões.

[...] Há enorme diversidade entre os cerca de 5 mil grupos distintos de indígenas, cada um dos quais com história, língua, cultura [...] e modo de vida singulares. Embora alguns povos indígenas continuem a subsistir da pesca, caça e coleta de alimentos, outros administram empresas [...].

Os grupos indígenas do mundo todo realmente enfrentam alguns desafios comuns na luta para proteger suas terras, seus recursos naturais e suas práticas culturais. A batalha para proteger os direitos humanos e os direitos à terra dos povos indígenas torna-se bem mais difícil por tão poucas pessoas conhecerem a fundo a história ou a vida contemporânea dos indígenas. E sem nenhum contexto histórico ou cultural, é quase impossível entender as questões indígenas atuais.
[...]

Wilma Mankiller faleceu em 2010. Foto de 1986.

Wilma Mankiller. Povos indígenas no século 21. Povos indígenas da atualidade: vivendo em dois mundos. *eJournal USA*, Washington, Departamento de Estado dos Estados Unidos, n. 6, p. 4, jun. 2009. Disponível em: <http://photos.state.gov/libraries/amgov/30145/publications-portuguese/0609p.pdf>. Acesso em: 25 set. 2017.

a. Sublinhe de **azul** o trecho do texto em que Mankiller aponta a diversidade dos povos indígenas do mundo.

b. Pinte de **laranja** os quadrinhos com as frases corretas sobre o texto.

☐ Segundo a ex-cacique, os povos indígenas do mundo lutam para preservar suas terras.

☐ Os indígenas não se preocupam em cuidar da natureza.

☐ No mundo todo, os direitos dos indígenas são sempre respeitados.

☐ Além da questão da terra, os indígenas no mundo todo tentam manter suas práticas culturais.

c. Para a ex-cacique, o que torna mais difícil a batalha pelos direitos indígenas? Você concorda com ela?

d. Em sua opinião, esse fator também atrapalha a luta pelos direitos de outros grupos sociais? Explique com exemplos.

CAPÍTULO 6

A África Antiga: os egípcios

A África é um continente com grande diversidade cultural. Cada país desse continente apresenta línguas, comunidades e costumes distintos.

Como você viu em capítulos anteriores, esse continente guarda vestígios de sociedades muito antigas. No Egito, por exemplo, há as pirâmides de Gizé e a esfinge, entre outros monumentos milenares. Essas construções, que preservam a história dos antigos egípcios, são considerados patrimônios materiais da humanidade. Observe esta foto.

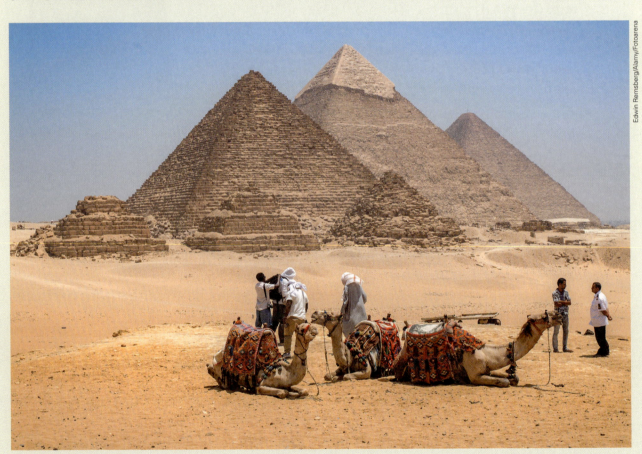

Turistas apreciam a vista das pirâmides construídas por núbios antigos (as três menores, à frente) e egípcios antigos (sem degraus aparentes, ao fundo) no Cairo, atual Egito. Foto de 2016.

▷ Você conhece outros povos antigos que construíam pirâmides ou outros edifícios semelhantes aos da imagem? Conte para a turma.

▷ Em sua opinião, por que é importante preservar monumentos como as pirâmides retratadas na foto?

A ocupação da África

Como você estudou no capítulo 2, a África é considerada o berço da humanidade. Foi lá, há milhões de anos, que surgiram os primeiros grupos humanos. Com o tempo, eles se dispersaram para diferentes regiões. Esse deslocamento foi possível devido às mudanças climáticas, com o fim da última **glaciação**, há cerca de 10 mil anos.

Essas mudanças aumentaram a temperatura da Terra e ocasionaram a formação de novos ambientes na África, como o deserto do Saara (veja o mapa). O Saara é caracterizado pelo clima quente e seco e pela vegetação esparsa, mas nele também há a presença de **oásis**.

Na época das mudanças climáticas, grupos de caçadores nômades que viviam nessa região migraram para áreas próximas ao rio Nilo e ao mar Mediterrâneo. Outros grupos se dirigiram para as savanas, um tipo de vegetação formado principalmente por arbustos e gramíneas.

Glaciação: período de intenso resfriamento da Terra, quando diversas superfícies ficaram cobertas de gelo.
Oásis: pequena área, no deserto, com presença de água e vegetação.

Fonte de pesquisa: Marina de Mello e Souza. *África e Brasil africano*. 3. ed. São Paulo: Ática, 2013. p. 13.

1 De acordo com o mapa, a maior parte do rio Nilo fica na área de qual ambiente natural?

2 Escolham um dos ambientes representados no mapa e, com a orientação do professor, pesquisem imagens que retratem as paisagens típicas do ambiente escolhido e informações sobre ele.

- Na data combinada com o professor, tragam as imagens que vocês selecionaram e mostre-as para os colegas. Compartilhem também as informações que vocês pesquisaram.

O Egito Antigo

Em algumas épocas do ano, as águas do rio Nilo se enchem e inundam as margens. Esses períodos são chamados de **cheias**.

Há cerca de 8 mil anos, durante as cheias, uma grande quantidade de matéria orgânica era depositada nas áreas inundadas. A matéria orgânica se transformava em **húmus**, fertilizando os solos.

Ao perceberem isso, diversas comunidades passaram a cultivar alimentos, como trigo e cevada, e tornaram-se sedentárias. A abundância de alimentos favoreceu o aumento da população. Com o passar do tempo, foi se constituindo a organização do Estado, que deu origem ao império do Egito Antigo.

Para aproveitar melhor as águas do período das cheias, os egípcios criaram um sistema de irrigação chamado *shaduf*. Nesse sistema, a água do rio Nilo era levada para as partes mais altas do Império, onde era armazenada em reservatórios. Essa água era utilizada na irrigação dos campos e na criação de animais.

Fonte de pesquisa: Jeremy Black (Org.). *Atlas da história do mundo*. Londres: Dorling Kindersley, 2005. p. 159.

Cena de atividade agrícola no vilarejo Deir el-Medina, próximo à antiga cidade egípcia de Tebas (atual Luxor), em detalhe de pintura feita há cerca de 3400 anos, encontrada na tumba do artesão Sennedjem.

1 Observe a imagem e o mapa. É possível afirmar que o rio Nilo foi fundamental para o desenvolvimento da sociedade do Egito Antigo? Contorne os elementos da imagem que comprovam sua resposta.

A sociedade egípcia

O Estado egípcio era comandado pelo **faraó**. Considerado um deus encarnado, o faraó era associado a uma divindade específica e, assim, acreditava-se que ele tinha poderes sobrenaturais. Sua função era administrar todo o reino e comandar o exército.

Para isso, o faraó contava com muitos funcionários. O **vizir** era responsável por aplicar a justiça, controlar a arrecadação de impostos e cuidar dos assuntos externos. Os **sacerdotes** administravam os templos e os cultos religiosos. Já os **escribas** eram encarregados de registrar, por escrito, os impostos arrecadados, os resultados das atividades agrícolas, a quantidade de animais no reino, entre outras informações do Estado.

A sociedade egípcia era composta, em sua maioria, de **camponeses**, responsáveis por cultivar a terra e cuidar dos animais. A maior parte da colheita era dada ao faraó como pagamento de tributos. Nas cidades, viviam os **artesãos**, que se dedicavam a ocupações como **armeiros**, barqueiros, pedreiros, carpinteiros e pintores.

Armeiro: profissional que fabrica armas.

Tanto no campo quanto nas cidades havia **escravos**. Eles podiam desempenhar diversas ocupações que também eram realizadas por pessoas livres, como artesãos e camponeses. Em relação à população total, os escravos eram a minoria.

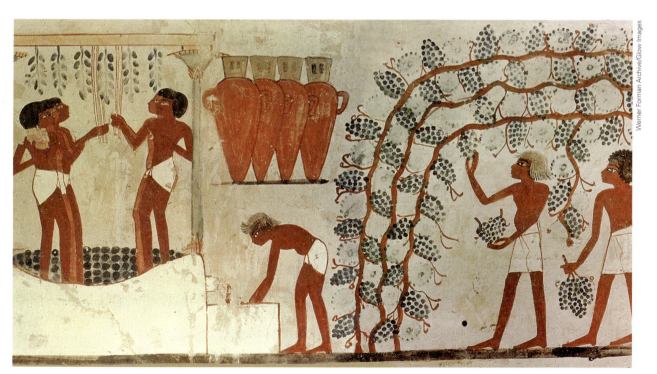

Colheita de uva e produção de bebida representadas em detalhe de pintura feita há cerca de 3 400 anos na tumba do escriba Nakht, na antiga cidade de Tebas.

2 Que situação foi retratada na imagem? Por que pinturas como essa podem ser consideradas importantes documentos históricos?

As mulheres no poder

Nas sociedades do Egito Antigo, as mulheres desempenharam papéis de destaque, e algumas tornaram-se rainhas poderosas, como rainhas-faraó. Entre elas estão Hatshepsut e Nefertiti.

Hatshepsut, cujo nome significa "a mais nobre", reinou sozinha por muitos anos. Entre seus feitos notáveis está a expedição ao reino de Punt, na atual Somália. Os registros dessa comitiva e de sua viagem foram inscritos em um monumento fúnebre feito em homenagem a ela. Segundo partes dessa inscrição, a rainha Hatshepsut:

Busto da rainha Nefertiti feito há cerca de 3500 anos. Nele, é possível identificar a coroa e o colar real.

[…] carregou os navios com as maravilhas de Punt: madeiras aromáticas da terra divina, uma quantidade impressionante de **mirra**, árvores de mirra, de ébano, marfim puro, […] incenso, cosméticos, macacos, cachorros, peles de panteras.

Mirra: substância aromática extraída de uma árvore, usada para fazer incensos, perfumes e remédios.

Estátua da rainha-faraó Hatshepsut, segurando dois vasos com oferendas de leite e vinho, feita há cerca de 3500 anos.

Tradução feita a partir da transcrição de Adriaan De Buck. *Egyptian readingbook*. Illinois: Ares Publishers, 1948. p. 48-53.

As mulheres camponesas e artesãs não tinham os mesmos privilégios que as rainhas. Mas podiam exercer diversas ocupações, ter bens materiais, casar-se por vontade própria e até pedir o divórcio.

3 Em sua opinião, as mulheres eram valorizadas na sociedade do Egito Antigo? Por quê?

Estado e religião

Os egípcios antigos procuravam explicar os fenômenos da natureza pela religião. Eles cultuavam diversos deuses, que podiam ser representados com formas humanas e também formas de outros animais.

Alguns animais eram considerados deuses e muitos deles estavam relacionados aos ciclos agrícolas: nascimento (semente), crescimento (planta), morte (colheita) e renascimento (nova semente). Entre os principais deuses egípcios destaca-se Rá ou Atum, o deus do Sol. Segundo a mitologia egípcia, ele teria dado início à criação de outros deuses e dos seres humanos.

Outras divindades importantes são Ísis, senhora do trono do Egito, associada à maternidade e à fertilidade, e Osíris, deus dos mortos. Segundo o mito, Ísis e Osíris tiveram um filho, Hórus, o deus do céu, que também representava o faraó e a raça humana. Hórus tem corpo de homem e cabeça de falcão. Seu olho direito é o Sol, e seu olho esquerdo, a Lua.

No Egito Antigo, Estado e religião estavam intimamente ligados. Por isso, o faraó era associado a divindades, como Rá e Hórus. Ele era considerado o escolhido dos deuses para governar a terra. Conheça alguns deuses do Egito Antigo.

Osíris Deus da vida após a morte.
Hórus Deus da vingança, do céu, da proteção e da guerra.
Rá Deus do Sol.
Amun Rei dos deuses e deus dos ventos.
Hathor Deusa do céu, do amor, da beleza e da música.
Anúbis Protetor dos mortos e da embalsamação.
Ísis Deusa da maternidade, da mágica e da fertilidade.
Thoth Deus do conhecimento e da sabedoria.
Seth Deus das tempestades, do deserto e do caos.
Ptah Deus da criação, das artes e da fertilidade.
Sekhmet Deusa do fogo, da guerra e da medicina.
Maat Deusa da verdade, da justiça, da retidão e da ordem.

4 As divindades egípcias podem ser classificadas em duas categorias:

Deuses **antropozoomórficos** (misturam formas humana e animal)

Deuses **antropomórficos** (apenas forma humana)

- Contorne as divindades egípcias ilustradas nesta página de acordo com as cores indicadas na legenda acima.

🔍 Registros

As múmias egípcias

Os egípcios antigos acreditavam na vida após a morte e que a alma do morto poderia retornar ao corpo. Para que isso acontecesse, era preciso, antes, purificar o corpo. Esse processo de purificação e preservação do cadáver é conhecido como mumificação.

As técnicas de mumificação eram secretas, e poucos registros sobre elas foram deixados pelos escribas egípcios. Os principais vestígios delas são as múmias. Com base nas análises feitas sobre elas, foi possível aos pesquisadores identificar as etapas gerais da mumificação de alguns faraós.

Geralmente, o cérebro e outros órgãos internos do corpo eram retirados e guardados em vasos nos quais havia líquidos que favoreciam a preservação deles. As cavidades do corpo eram limpas com ervas fermentadas e, depois, preenchidas com substâncias aromáticas, como a mirra. O corpo, então, era costurado e mergulhado em um tanque com sais. Após cerca de 70 dias, o corpo era lavado, enfaixado e selado com uma goma e, por fim, depositado em um sarcófago.

Múmia egípcia em um sarcófago que data de 2 500 anos atrás.

1 A seguir, numere as etapas da mumificação na ordem de ocorrência.

☐ Costurar o corpo e colocá-lo em um tanque com sais.

☐ Retirar os órgãos internos do corpo.

☐ Lavar o corpo, enfaixá-lo e depositá-lo no sarcófago.

☐ Limpar as cavidades do corpo com ervas e preenchê-las com mirra.

@ Egito Antigo – Museu Nacional do Rio de Janeiro
Disponível em: <http://www.museunacional.ufrj.br/dir/exposicoes/arqueologia/egito-antigo/index.html>. Acesso em: 30 ago. 2017.

Acesse o *site* do Museu Nacional do Rio de Janeiro e clique na seção "Egito Antigo". Você vai encontrar imagens de alguns artefatos arqueológicos egípcios, como múmias e sarcófagos, que fazem parte do acervo do museu.

A escrita egípcia

A escrita egípcia é uma das mais antigas de que se tem notícias. Sabe-se que os antigos caçadores do norte da África se comunicavam por imagens e que os vasos de cerâmica dos agricultores às margens do Nilo também apresentavam desenhos. Portanto, essas são algumas das bases da escrita egípcia: desenhos e símbolos que representam pessoas, animais e elementos da natureza (como o sol e a água), entre outras coisas.

Esses caracteres do sistema de escrita egípcio foram chamados pelos gregos de **hieróglifos**, que significa "gravação sagrada". Por ser uma escrita muito difícil, apenas especialistas, como os escribas, sabiam utilizá-la. Com o passar dos séculos, surgiram sistemas de escrita mais simples derivados dos hieróglifos: o hierático e o demótico. Esse último sistema era popular e apareceu há cerca de 2 600 anos.

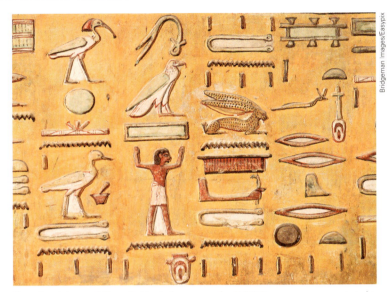

Escrita hieroglífica feita há cerca de 3 200 anos, encontrada na tumba do faraó Seti I.

5 Atualmente, com o uso de aplicativos de bate-papo via internet, as pessoas também se expressam usando símbolos e desenhos, como os *emoticons*. Esses símbolos servem para expressar sentimentos por meio de desenhos criados com base nos caracteres disponíveis nos teclados de computadores, celulares, *tablets*, entre outros dispositivos.

a. Observe alguns deles abaixo e anote ao lado de cada um as emoções que, em sua opinião, eles transmitem.

b. Você costuma trocar mensagens de texto com os colegas e amigos? Nessas situações, você usa algum desses símbolos para conversar com eles? Conte para a turma.

Vamos ler imagens!

Pinturas do Egito Antigo: a produção de linho

Os egípcios registraram sua vida cotidiana em desenhos nas paredes dos palácios, nos templos religiosos, nos túmulos, entre outros locais. A leitura dessas imagens pode nos ajudar a conhecer melhor as diversas atividades realizadas por esse povo.

Uma delas era a produção de linho, uma fibra vegetal muito utilizada na confecção de roupas e de **mortalhas**.

As plantas de linho eram cultivadas em áreas próximas ao rio Nilo, entre a primavera e o verão, e chegavam a atingir 1 metro de altura. Do seu caule era extraída a matéria-prima para a produção dos tecidos.

O trabalho de tecelagem era feito, sobretudo, por mulheres, que, a princípio, utilizavam teares horizontais. Com o desenvolvimento de novas tecnologias, os teares passaram a ser verticais. Geralmente, essas mulheres trabalhavam com dois **fusos** simultaneamente. Depois de prontos, os tecidos eram expostos ao sol para ficar mais brancos.

Mortalha: tecido ou vestimenta que envolve o cadáver da pessoa que será sepultada.
Fuso: instrumento de madeira com forma arredondada, grosso no centro e pontiagudo nas extremidades, usado para fiar, torcer e enrolar fios.

Grupo de tecelões fiando linho (à direita) e tecendo (à esquerda). Pintura feita há cerca de 3 800 anos, encontrada na tumba do servo real Khnumhotep.

Agora é a sua vez

1 Observe a imagem, leia a legenda e complete a ficha a seguir.

Onde a pintura foi feita?	
Quando ela foi feita?	
Quantas pessoas foram representadas?	
O que essas pessoas estão fazendo?	

2 Observe, nos detalhes da imagem, os instrumentos utilizados para a produção do linho. Escreva o nome desses instrumentos.

 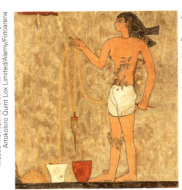

_____ _____

3 Pinturas como a mostrada na página anterior nos ajudam a conhecer o modo de vida dos egípcios antigos? Por quê?

_____
_____
_____
_____

4 O trabalho artesanal de confecção de tecidos é realizado ainda hoje, inclusive no Brasil. Como esse trabalho é realizado atualmente? Junte-se a dois colegas para pesquisar informações sobre o assunto. Depois, compartilhem o que vocês descobriram com os demais trios.

Aprender sempre

1 Leia o texto sobre o Egito Antigo e responda às questões.

[...]
Salve, tu, Nilo!
Que te manifestas nesta terra
E vens dar vida ao Egito!
Misteriosa é a tua saída das **trevas**
Neste dia em que é celebrada!
Ao irrigar os **prados** criados por Rá,
Tu fazes viver todo o gado,
Tu – inesgotável – que dás de beber à Terra!
Senhor dos peixes, durante a inundação,
Nenhum pássaro pousa nas colheitas.
Tu crias o trigo, fazes nascer o grão,
Garantindo a prosperidade aos templos.
Se paras a tua tarefa e o teu trabalho,
Tudo o que existe cai em **inquietação**.

> **Treva:** no texto, tem o sentido de desconhecido.
> **Prado:** terreno coberto por plantas, as quais servem de pastagem.
> **Inquietação:** no texto, motivo de preocupação.

Livros sagrados e literatura primitiva oriental. t. II. Citado em: *Coletânea de documentos históricos para o 1º grau*: 5ª a 8ª séries. São Paulo: Cenp/Secretaria de Estado da Educação, 1978. p. 55.

a. Qual é o assunto do texto?

_____

b. Sublinhe de **roxo** os trechos do texto que tratam das atividades desenvolvidas às margens do rio Nilo.

c. O rio Nilo foi importante para a formação da sociedade egípcia. Explique essa afirmação.

d. Você conhece os rios que, atualmente, são importantes para a comunidade em que vive? E os rios que foram importantes no passado? Faça uma pesquisa em publicações impressas ou digitais sobre os rios do lugar onde você mora e a importância deles, hoje e no passado. Com os resultados da pesquisa, complete a ficha da página 149. Você pode usar textos e imagens. Depois, mostre seu trabalho para a turma.

2 Em 2013, um grupo de pesquisadores fez uma descoberta a respeito do corpo da imperatriz Amélia de Leuchetenberg (1812-1876), esposa de dom Pedro I, que governou o Brasil no século 19. Leia o texto abaixo.

> Uma das principais revelações do estudo arqueológico [...] foi o fato de que d. Amélia de Leuchetenberg [...] foi mumificada – um dado [...] desconhecido de sua biografia. [...]
> [...] "Ela foi tratada para ficar conservada alguns dias, para o funeral, e isso acabou inibindo o processo de decomposição", diz a arqueóloga Valdirene Ambiel. [...] Também contribuiu para a mumificação [...] a ausência de fatores para a decomposição.

Múmia de imperatriz surpreende pesquisadores. O *Estado de S. Paulo*, 18 fev. 2013. Disponível em: <http://sao-paulo.estadao.com.br/noticias/geral,mumia-de-imperatriz-surpreende-pesquisadores,998381>. Acesso em: 29 set. 2017.

a. Qual foi a descoberta dos pesquisadores? Essa prática é comum no Brasil?

b. Em que aspectos a técnica de mumificação de dona Amélia é semelhante à utilizada pelos egípcios antigos? Explique.

3 Observem o detalhe da tabela reproduzida abaixo. Ela foi elaborada pelo pesquisador francês Jean-François Champollion, que decifrou a escrita hieroglífica no século 19.

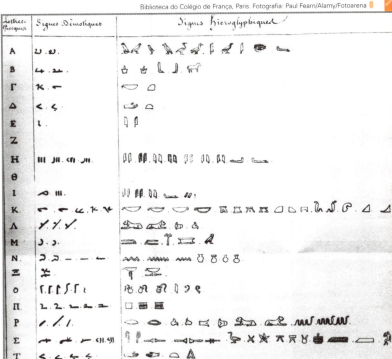

Biblioteca do Colégio de França, Paris. Fotografia: Paul Fearn/Alamy/Fotoarena

a. Comparem nosso alfabeto com os alfabetos mostrados na imagem. Eles são diferentes? Como vocês chegaram a essa conclusão? Anotem no caderno.

b. Na opinião de vocês, por que diferentes povos criaram sistemas de escrita? Qual é a importância desse tipo de tecnologia?

Na primeira coluna, está representado o alfabeto grego. Na segunda coluna, foi representada a escrita demótica e, na terceira, a escrita hieroglífica.

CAPÍTULO 7
A África Antiga: muitos povos

A partir da década de 1960, os vestígios de diferentes povos da África Antiga passaram a ser objetos de pesquisa da História, e não apenas os vestígios do povo do Egito Antigo.

Essa transformação no estudo da história dos povos africanos se intensificou na década de 1980. O texto a seguir é sobre isso.

> [...] a história oficial procurou **velar** [...] que os africanos desenvolveram várias formas de governo muito complexas [...].
>
> [...]
>
> O fato de não terem escrito sua história anteriormente não quer dizer que os africanos, bem como os povos **autóctones** das Américas e da Oceania, não tinham história, muito menos que não tinham escrita. Objetos de arte considerados apenas decorativos estão plenos de mensagens codificadas por [...] símbolos que podem ser "traduzidos", ou interpretados verbalmente [...].

Velar: ocultar.
Autóctone: nativo, indígena.

Arqueólogos durante escavação em Janjala, Nigéria, 2011.

Marta Heloísa Leuba Salum. África: culturas e sociedades. Arte africana – África Brasil. Universidade de São Paulo. Disponível em: <http://www.arteafricana.usp.br/codigos/textos_didaticos/002/africa_culturas_e_sociedades.html>. Acesso em: 25 out. 2017.

▶ De acordo com o texto, por que a maioria dos povos antigos africanos não era estudada pelos historiadores tradicionais?

▶ Em sua opinião, por que, durante muito tempo, a história da África não foi considerada tão importante quanto a história de povos de outros continentes, como os da Europa, por exemplo?

▶ Observe a foto acima. Qual é a importância desse tipo de trabalho para a valorização das culturas africanas antigas?

Nok: uma cultura muito antiga

Antes de existir a organização de reinos e impérios na África Antiga, centenas de comunidades desenvolveram tecnologias agrícolas e metalúrgicas que favoreceram a sedentarização e o surgimento de grandes Estados. A cultura Nok é uma delas.

Nok é o nome dado à cultura desenvolvida por povos que habitavam a região do rio Níger, no centro do território da atual Nigéria. É uma das mais antigas culturas descobertas pelos pesquisadores no continente africano, tendo se desenvolvido entre 2 600 e 1 800 anos atrás.

A descoberta ocorreu no início do século 20, quando os trabalhadores de uma mina encontraram uma antiga escultura de cerâmica. Esse achado atraiu arqueólogos e outros pesquisadores.

Escultura em terracota da cultura Nok feita há cerca de 2 600 anos, representando pessoas e cenas da vida cotidiana.

Pela análise dos objetos encontrados, foi possível desvendar alguns mistérios da cultura Nok. Sabe-se que seus povos habitavam aldeias agrícolas, onde plantavam alimentos como sorgo, inhame e abóbora em grande quantidade. Foram um dos primeiros povos a dominar a técnica da fundição de ferro no continente africano, há cerca de 2 600 anos. Com esse metal, produziam enfeites, como colares e pulseiras, além de armas, como as lanças, e instrumentos agrícolas, como o arado.

A característica mais marcante da cultura Nok é a criação de esculturas em **terracota** que reproduzem seres humanos e animais.

1 Observe a escultura representada acima, leia a legenda e responda:

   a. De que material ela foi feita? Você conhece outros objetos que são feitos desse material? Explique.

   b. O que foi representado na escultura? Para você, que emoções as personagens retratadas parecem transmitir? Por quê?

Reinos e impérios africanos

Vários povos africanos constituíram reinos e impérios notáveis, com línguas e escritas diversas, arquitetura espetacular e arte requintada. Entre eles estão o Reino de Cuxe (ou Kush) e o Império de Axum.

Além de serem formados por grandes agricultores e pastores, alguns desses reinos e impérios também desenvolveram o comércio terrestre e marítimo de longa distância. Por intermédio de mercadores que atravessavam grandes extensões de terras, diferentes regiões da África foram conectadas. Com isso, foi possível estabelecer uma rede de troca de produtos entre diferentes povos.

Todas essas atividades eram marcadas pela religiosidade, que regulava a vida política e social.

África: Reinos e impérios da Antiguidade

Fontes de pesquisa: Um breve olhar sobre a história da África. Em: *África em arte-educação* [*e-book*]. Goiânia: Gráfica da UFG, 2005. Disponível em: <https://africaarteeducacao.ciar.ufg.br/modulo3/cntnt/parte1.html>. Acesso em: 2 out. 2017; Jeremy Black (Org.). *Atlas da história do mundo*. Londres: Dorling Kindersley, 2005. p. 31.

1 Observe o mapa acima. Escolha um dos rios que aparecem no mapa e anote os reinos e impérios que se formaram nas proximidades dele. Complete o quadro com essas informações.

Nome do rio	Reinos e impérios

2 De acordo com as informações do mapa, todos os reinos e impérios apresentados existiram ao mesmo tempo, isto é, foram contemporâneos? Explique.

80 oitenta

O Reino de Cuxe

O antigo Reino de Cuxe surgiu em uma região conhecida como Núbia, localizada ao sul do Egito Antigo. Por isso, as culturas cuxitas e egípcias antigas guardam muitas semelhanças. Atualmente, a área faz parte de um país chamado Sudão.

Há cerca de 4400 anos, os núbios se tornaram independentes do Egito, passando a obedecer a seu próprio rei. Surgia, assim, o Reino de Cuxe. A primeira capital desse reino foi a cidade de Kerma, seguida por Napata e Méroe.

Os cuxitas dedicavam-se à agricultura, principalmente aos cultivos de trigo, cevada e **sorgo**, e à criação de animais, como cabritos, cabras, cavalos e burros. Eles também praticavam o comércio. Sua localização, junto ao rio Nilo e próximo ao mar Vermelho, facilitava as transações comerciais com outros povos, como os que habitavam a Mesopotâmia (onde ficam atualmente, os países Irã, Iraque, Síria e Turquia). Entre os principais produtos comercializados estavam o ouro, o marfim, o **ébano**, as penas de avestruz e as peles de leopardo.

Por volta de 3600 anos atrás, o Reino de Cuxe foi novamente dominado pelo Egito. Porém, séculos depois, chegou a conquistar os egípcios, estabelecendo ali uma **dinastia** de "faraós negros" por cerca de cem anos.

Sorgo: tipo de cereal.
Ébano: madeira muito escura e resistente.
Dinastia: sucessão de reis da mesma família que ocupam o trono.

Pirâmides cuxitas na antiga cidade de Méroe, no atual Sudão. Cerca de 260 pirâmides foram construídas pelo antigo Reino de Cuxe para servir de túmulos para seus reis e rainhas. Elas costumavam ser mais baixas que as pirâmides egípcias. Foto de 2016.

3 A foto acima mostra um elemento da cultura egípcia que foi incorporado pelos cuxitas. Qual é esse elemento? Marque com um **X**.

☐ A técnica de mumificação.

☐ A construção de pirâmides.

Candaces, as rainhas-mães

No Reino de Cuxe, as mulheres ocupavam uma posição de grande poder e prestígio. A mãe ou esposa do rei recebia o título de **candace**, ou seja, senhora de Cuxe, e exercia notável influência no governo. Muitas vezes, ela exercia diretamente o poder e chegou a adotar o título de "filha de Rá" (o deus do Sol), como os faraós egípcios.

Um exemplo é a candace Amanirenas, uma guerreira muito temida que liderou pessoalmente o exército cuxita. Também responsável pelas estratégias militares, Amanirenas conseguiu derrotar o exército do **Império Romano** – o mais poderoso de seu tempo – e obrigou-o a negociar a paz. Considera-se que, sob o comando de Amanirenas, o avanço dos romanos na África foi interrompido.

Outra candace importante foi Amanitare. Com seu marido, Amanitare mandou construir diversos templos no reino que faziam menção a eles como casal, como o Templo do Leão de Naga. Também reconstruiu a capital Napata, destruída durante um ataque dos romanos.

Império Romano: império da Antiguidade que se expandiu a partir da península Itálica.

Relevo cuxita feito há cerca de 2 100 anos que representa a candace Amanitare se preparando para atacar seus inimigos. Templo do Leão de Naga, Sudão. Foto de 2016.

4 Na comunidade em que você vive, há mulheres que ocupam posições de liderança? Converse com os adultos que moram com você e os trabalhadores da escola para descobrir. Anote no caderno informações básicas sobre essa personalidade local, como o nome, a idade e a importância dela para a comunidade.

O Império de Axum

Por volta do século 1, no norte da atual Etiópia, surgiu um dos mais importantes reinos africanos: Axum. No final do século 3, Axum já tinha grande influência na região, pois havia conquistado diversos povos vizinhos, inclusive o Reino de Cuxe.

A maior parte dos axumitas vivia da criação de gado – bois, cabras e asnos – e do cultivo de cereais. Porém, o poder do Império de Axum vinha do controle de importantes redes comerciais no mar Vermelho, que ligava o Oriente ao Ocidente, e no oceano Índico, com as ilhas da Oceania.

Pelo famoso porto de Adúlis, na atual Eritreia os axumitas vendiam marfim, ouro, pedras preciosas, gado, incenso, chifres de rinocerontes e escravos. Por ali também chegavam porcelana e seda, entre outras mercadorias produzidas por povos do Oriente, como indianos e chineses. O porto movimentava, ainda, produtos de povos europeus, como vinho e azeite.

Para facilitar as transações comerciais, havia a moeda axumita, cunhada em prata, ouro ou bronze. Também houve o desenvolvimento da escrita **gueze** ou **geês**, que deu origem a línguas utilizadas até hoje na Etiópia.

Moedas axumitas feitas em ouro, utilizadas nas trocas comerciais entre diferentes povos que faziam negócios com mercadores de Axum. Elas foram feitas no século 4 e mostram reis axumitas.

5 Observe as personagens esculpidas nas moedas. Que símbolos podem indicar que se trata de governantes? Levante hipóteses.

6 Escreva uma frase explicando de que modo as atividades comerciais do Império de Axum favoreciam as trocas culturais entre os diferentes povos antigos.

A religião em Axum

Os axumitas cultuavam diversas divindades. A principal delas, Marém, era, ao mesmo tempo, o deus do céu, da guerra, da família real, rei dos deuses e pai divino do soberano de Axum. Havia também Beer (deus da terra) e Meder (deusa feminina ligada aos ciclos agrícolas).

Sob o reinado de Ezana, porém, uma nova religião foi difundida no império. Como a cidade de Axum era um importante centro comercial, muitos estrangeiros passavam pelo local e traziam com eles conhecimentos e costumes. Por meio deles, o cristianismo foi introduzido no império.

Por volta do ano 330, o rei Ezana converteu-se ao cristianismo e tratou de propagar a nova religião entre seu povo, eliminando a tradição da construção de estelas para homenagear os soberanos mortos; a sua foi a última delas. A partir de então, os axumitas começaram a construir igrejas cristãs, como a de Santa Maria de Sião.

Guia etíope erguendo a tapeçaria para que as pinturas do interior da igreja de Santa Maria de Sião, em Axum, Etiópia, possam ser apreciadas. Elas datam do século 4. Foto de 2014.

7 Tanto as antigas estelas quanto as igrejas cristãs da Etiópia são construções que nos permitem conhecer melhor a história dos axumitas. Explique essa afirmação.

Registros

As estelas axumitas

Entre os principais vestígios materiais do povo axumita é possível destacar as **estelas** construídas entre os séculos 3 e 8. Trata-se de grandes monumentos de pedra, em que foram esculpidos desenhos, textos e entalhes. As funções das estelas eram diversas: podiam ser monumentos funerários, religiosos ou políticos. Assim, exibiam registros das memórias consideradas importantes para os governantes axumitas.

Diversas sociedades, em diferentes continentes, tiveram o costume de construir estelas. Porém, os axumitas se destacaram nessa arte pela riqueza de detalhes e pelo tamanho das estelas preservadas. A maior delas tem 33 metros de altura e foi confeccionada durante o Império de Axum. Acredita-se que foi a maior estela já construída por uma comunidade antiga.

Em 1980, as estelas e o conjunto de vestígios do Império de Axum foram declarados patrimônios da humanidade.

Estelas na cidade de Axum, na atual Etiópia. Foto de 2014. Para honrar os reis mortos, os axumitas erguiam estelas de pedra. A estela do rei Ezana (a mais alta no centro) tem 21 metros de altura e, na base, há uma porta falsa e aberturas que parecem janelas.

1 Em sua opinião, que critérios poderiam ser utilizados para que se escolhessem os feitos que seriam registrados nas estelas? Explique suas hipóteses para os colegas.

2 No município ou no estado onde você vive, há algum monumento que se pareça com as estelas axumitas, em relação ao formato e à função? Em caso afirmativo, anote o nome do monumento a seguir e, depois, explique sua escolha para a turma.

Pessoas e lugares

Os andarilhos do deserto

Conhecidos como tuaregues, eles preferem ser chamados de *imuhagh* (na língua deles, o *tamasheq*), que significa "homens livres". Por quê? Porque tuaregue deriva de uma palavra árabe que significa "abandonado por Deus".

Na Antiguidade, os *imuhagh* estavam organizados em comunidades nômades que controlavam as grandes rotas comerciais que atravessavam o deserto do Saara. Nos acampamentos, eles montavam tendas feitas de peles de animais e sustentadas por estacas de madeira. Quando a água acabava, eles se dirigiam para outro local.

Hoje, muitos dos *imuhagh* são seminômades e vivem, principalmente, na área desértica de alguns países no norte do continente africano. Outros optaram por se fixar em vilarejos e nas cidades da região. Os *imuhagh* continuam a praticar o comércio e, também, a agricultura. Em geral, são muçulmanos, mas ainda preservam costumes antigos, como o culto às divindades do deserto.

Formado por cerca de 1,5 milhão de pessoas em 2016, esse povo rejeita as fronteiras dos países nos quais se distribuem, pois consideram que é um território que sempre lhes pertenceu.

Homem *imuhagh* na Argélia. Foto de 2014. Os homens e as mulheres *imuhagh* cobrem o rosto com véus-turbantes. Como muitos desses véus são tingidos de azul, a tinta mancha a pele deles. Por isso, são chamados de "povo azul".

Fontes de pesquisa: Um breve olhar sobre a história da África. Em: *África em arte-educação* [e-book]. Goiânia: Gráfica da UFG, 2005. Disponível em: <https://africaarteeducacao.ciar.ufg.br/modulo3/cntnt/parte1.html>; *DailyMail* on-line. Disponível em: <http://i.dailymail.co.uk/i/pix/2015/06/24/08/29E2A55200000578-3131511-Boundaries_The_Tuareg_travel_across_countries_but_it_has_become_-a-7_1435129465760.jpg>. Acessos em: 3 out. 2017.

Imuhagh em caravana pelo deserto do Saara, na região que pertence à Argélia. Foto de 2016. As vestimentas dos *imuhagh* cobrem a maior parte do corpo deles. Isso é importante para que se protejam do sol e dos ventos do deserto.

1. Por que os *imuhagh* são conhecidos como "povo azul"?
2. Por que eles se recusam a reconhecer as fronteiras dos países nos quais se distribuem? Você concorda com a atitude deles?
3. Que pergunta você faria a um *imuhagh* se tivesse essa oportunidade?

Aprender sempre

1 Cada sociedade africana elaborou a própria ideia de tempo, conforme suas experiências e necessidades. O texto a seguir aborda um exemplo disso. Leia-o e depois responda às questões.

> Na savana sudanesa, entre os adeptos das religiões africanas tradicionais, geralmente conta-se a idade pelo número das estações chuvosas. Para indicar que um homem é idoso, fala-se do número de estações das chuvas que ele viveu ou [...] que ele "bebeu muita água".

Joseph Ki-Zerbo (Ed.). *História geral da África*, v. I: metodologia e pré-história da África. 2. ed. rev. Brasília: Unesco, 2010. p. 35.

a. Qual é o critério de contagem da passagem do tempo na sociedade abordada?

_____

b. Reflita sobre os costumes de sua comunidade e crie um critério para estabelecer a idade dos colegas. Esse critério deve ser diferente da contagem dos aniversários em anos. Anote-o no caderno e depois compartilhe com a turma.

2 Observem a imagem a seguir para responder às questões.

Pintura feita há cerca de 3 200 anos representando núbios levando anéis de ouro como tributo aos egípcios.

a. Podemos afirmar que essa imagem foi produzida quando os núbios estavam sob o domínio do Egito Antigo? Por quê?

_____

b. O povo representado na imagem deu origem a que reino antigo da África?

_____

c. Observando a pintura, que outras informações podemos obter sobre o povo representado?

3 Em 2011, os sítios arqueológicos de Méroe tornaram-se patrimônios da humanidade. Leia o texto a seguir.

> Meroe é apenas o reduto mais conhecido de um império que, pouco a pouco, começa a revelar outros segredos. Um sítio arqueológico a 300 quilômetros ao norte de Cartum abriga as ruínas de cerca de 50 pequenas pirâmides [...] que serviram de tumbas para governantes de Kush [Cuxe]. [...]
>
> No entanto, boa parte das riquezas arqueológicas a serem descobertas nessa região corre o risco de permanecer em segredo por causa da construção da hidrelétrica de Meroe, que inclui um lago de mais ou menos 160 quilômetros de comprimento. [...]

O mistério dos faraós negros. *Revista Planeta*, São Paulo, Ed. Três, ed. 458, 1º nov. 2010. Disponível em: <https://www.revistaplaneta.com.br/o-misterio-dos-faraos-negros/>. Acesso em: 3 out. 2017.

a. Que tipo de construção ameaça a preservação dos sítios arqueológicos de Méroe? Sublinhe no texto.

b. Qual é a importância de se preservar os sítios arqueológicos de Méroe? O que poderia ser feito para salvar esse patrimônio da humanidade?

4 Leiam o texto abaixo e, depois, respondam às questões.

> As moedas axumitas revestem especial importância. Com efeito, somente graças a elas é que ficamos conhecendo os nomes dos dezoito reis de Axum. [...] A maioria é de bronze, com tamanho variável entre 8 e 22 mm. Em geral as moedas trazem o busto dos reis, com ou sem coroa. [...]

Gamal Mokhtar (Ed.). *História geral da África*, v. II: África Antiga. 2. ed. rev. Brasília: Unesco, 2010. p. 385.

a. Qual documento histórico é abordado no texto?

b. A qual povo ele se refere?

c. No futuro, se um historiador fosse estudar nossa sociedade, o que os símbolos presentes nas cédulas e moedas do real poderiam significar? Escolham uma moeda ou cédula do real e analisem os símbolos que ela traz. Anotem as hipóteses que vocês criaram no caderno e, depois, compartilhem essas hipóteses com os colegas.

CAPÍTULO 8
A África no Brasil

Ao longo de sua carreira, o historiador brasileiro Alberto da Costa e Silva realizou muitas pesquisas sobre a África. Os estudos dele mostram que a presença africana na cultura brasileira é muito marcante. Ela pode ser percebida no trabalho, nas ciências, na música, na dança, nas artes, nos hábitos alimentares e nas maneiras de pensar.

Leia, a seguir, o que ele afirma em uma entrevista.

> **O senhor disse, certa vez, que para entender o Brasil é preciso entender a África. Por quê?**
>
> Por um motivo muito simples: o escravo não nasceu no navio negreiro. Quando foi lá colocado, à força, trazia consigo seus costumes, seus hábitos, sua maneira de viver e entender o mundo. Trazia sua história. Os africanos chegaram aqui em tamanha quantidade, que havia tanto aquele que sabia fazer uma casa quanto aquele que sabia explorar o ouro e aquele que sabia cultivar o inhame. Trouxeram técnicas, maneiras de pensar. Suas crenças, assombrações, cantigas, maneiras de sentar, servir, comer, caminhar, comportar-se, formar família... Tendo sido eles tão numerosos, como entender o Brasil sem compreender como eram as Áfricas, do outro lado do Atlântico?

Roda de capoeira durante o Dia da Cultura Negra na comunidade quilombola Campinho da Independência, em Parati, RJ. Foto de 2016.

Memórias de um africanista. Revista *Ciência Hoje*, ed. 320, 6 dez. 2014. Disponível em: <http://www.cienciahoje.org.br/revista/materia/id/907/n/memorias_de_um_africanista>. Acesso em: 3 out. 2017.

▶ Por que Alberto da Costa e Silva usa o termo "Áfricas" para falar dos povos africanos?

▶ Em sua opinião, por que estudar a história da África é importante para compreender a história do Brasil?

A cultura afro-brasileira

Você já sabe que muitos africanos foram trazidos para o Brasil como escravizados entre os séculos 15 e 19. Eles vieram, principalmente, de duas grandes regiões do continente africano: a **África Central** e a **África Ocidental**. Alguns grupos de africanos também foram trazidos de áreas onde hoje é Moçambique. Veja essas regiões no mapa abaixo.

Fonte de pesquisa: The Trans-Atlantic Slave Trade Database: voyages. Disponível em: <http://www.slavevoyages.org/estimates/DGwpt8z0>. Acesso em: 3 out. 2017.

Os diferentes povos africanos trouxeram para o Brasil seus costumes e suas tecnologias e entraram em contato com comunidades que já estavam aqui. As interações com esses grupos contribuíram para o surgimento de uma **cultura afro-brasileira**, que compreende tanto expressões materiais, como técnicas de metalurgia e cerâmica, quanto expressões imateriais, como rituais religiosos e festividades.

1 Que exemplos da presença africana na cultura brasileira você reconhece? Com a orientação do professor, você e os colegas vão fazer uma lista coletiva na lousa.

 Programa Mojubá II – Ciência e Tecnologia
Disponível em: <http://antigo.acordacultura.org.br/mojuba/programa/ci%C3%AAncia-e-tecnologia>. Acesso em: 15 dez. 2017.

Nesse episódio do programa Mojubá, conheça algumas tecnologias desenvolvidas por alguns dos povos africanos que atravessaram o oceano Atlântico.

Música e dança

Os tambores, assim como outros instrumentos musicais, são usados há muito tempo por diferentes povos africanos. Esse conhecimento foi trazido para o Brasil, onde surgiram diversos ritmos musicais e danças que têm como base esse tipo de instrumento.

O maracatu, por exemplo, surgiu entre os séculos 17 e 18 em Pernambuco. Ele está ligado à festa de **coroação dos reis do Congo** e consiste em um cortejo com música, dança e dramatizações. Nessa manifestação cultural, usam-se diversos tambores de origem africana, como as alfaias e os gonguês. Hoje, existem diversos tipos de maracatu. O maracatu-nação, do Recife, é considerado patrimônio imaterial do Brasil.

Coroação dos reis do Congo: procissão com danças, cantos e músicas com influências culturais e religiosas de Angola, Congo e Portugal. São conhecidas como congadas.

O jongo, por sua vez, tem origens no Congo e em Angola e desenvolveu-se na Região Sudeste do Brasil, no século 19. Ele consiste em uma dança de roda, realizada próxima a uma fogueira e acompanhada de canto e de tambores de origem banto, como o caxambu e o candongueiro. O jongo influenciou o surgimento do samba e também é patrimônio imaterial do nosso país.

Carlos Julião. Representação da coroação de um rei negro, século 18. A gravura mostra um exemplo de resistência da população negra escravizada, já que apresenta pessoas negras em posições de poder.

Apresentação de maracatu de baque solto em Aliança, PE. Foto de 2015. Nessa festividade, há a representação da coroação de reis e rainhas negros.

2 Compare as duas imagens acima. Quais são as semelhanças e as diferenças entre elas?

Brincadeiras e jogos

Você sabia que há brincadeiras e jogos muito comuns em várias comunidades de origem africana no Brasil?

Brincadeiras como pega-pega e esconde-esconde, por exemplo, têm origens em atividades de caça, e há vestígios desse tipo de costume em diversos povos tradicionais do continente africano.

Conheça, a seguir, uma brincadeira comum no atual Moçambique e que é parecida com um jogo popular em diferentes partes do Brasil.

A matacuzana [...] é um jogo [...] que se utiliza de pedrinhas ou castanhas-de-caju. Para jogar, faz-se uma pequena cova ou desenha-se um círculo no chão. [...] O jogo consiste em várias fases de manuseio das pedras. [...] por exemplo: lançar a pedra (ou *mbuta* como é denominada em Maputo) ao ar e com uma mão retirar uma pedra e voltar a apanhar aquela que foi lançada, sem deixá-la cair. Também há outras possibilidades de jogar ou manusear as pedrinhas ou castanhas.

Cova: buraco.
Maputo: capital de Moçambique.

Clovis Claudino Bento. *Jogos de origem ou descendência indígena e africana na educação física escolar*: educação para e nas relações étnico-raciais. 2012. Dissertação (Mestrado em Educação) – Universidade Federal de São Carlos, São Carlos. p. 80.

3 Você conhece alguma brincadeira parecida com a matacuzana? Em caso afirmativo, responda: Como ela é chamada? Quais materiais costumam ser manuseados?

4 Com a orientação do professor, você e os colegas vão realizar essa brincadeira na escola. Depois, comparem o modo como vocês brincaram à forma, descrita no texto, com que moçambicanos brincam de matacuzana. Compartilhem as impressões de vocês em uma roda de conversa.

Expressões religiosas

A partir do século 15, a religiosidade das diferentes comunidades da África começou a ser fortemente influenciada pelos europeus. Houve práticas nativas que foram perseguidas ou até proibidas pelos europeus que dominaram esses povos.

Porém, o domínio do catolicismo no continente africano não fez desaparecer os tradicionais cultos aos ancestrais e ao mundo dos espíritos. Ao contrário, provocaram o surgimento de novas práticas religiosas que guardavam influências nativas e estrangeiras. Povos que habitavam a África Ocidental, por exemplo, conferiam títulos tradicionais a alguns padres, como *nganga*, nome atribuído aos curandeiros.

Esse processo também ocorreu no Brasil. Os africanos e seus descendentes encontraram, na aproximação entre suas divindades e os santos da Igreja católica, uma forma de continuar a praticar suas religiões e, ao mesmo tempo, demonstrar que também aceitavam a fé dos senhores, que eram católicos.

Por exemplo, entre as comunidades de origem Iorubá, Iemanjá (orixá feminino associado aos mares e oceanos) foi identificada com Nossa Senhora dos Navegantes, e Xangô (orixá do trovão e da justiça) foi associado a São Jerônimo. Com o passar do tempo, elementos das tradições indígenas também foram incorporados nessas expressões e podem ser identificados em cultos como a umbanda.

Cerimônia da festa de Iemanjá na praia do Rio Vermelho, em Salvador, BA. O ritual costuma ser realizado anualmente em fevereiro. Foto de 2014.

5 Você conhece outras informações sobre o candomblé e a umbanda? Em caso positivo, quais?

6 Em sua opinião, por que é importante respeitar todas as religiões?

Comunidades remanescentes de quilombos

Você já estudou que os africanos escravizados trazidos para o Brasil resistiram à escravidão. Uma das formas de resistência e combate eram a fuga e a formação de quilombos, também chamados de mocambos. No século 19, com o crescimento do movimento abolicionista, o número de quilombos cresceu. Neles, não viviam apenas descendentes de africanos, mas também camponeses, caiçaras e indígenas. Os moradores dos quilombos eram chamados de **quilombolas**.

Atualmente, é possível encontrar os descendentes desses grupos nas comunidades remanescentes de quilombos.

Até 1988, os quilombolas não eram considerados donos dos territórios em que viviam. Por isso, muitas vezes, eram desalojados. Com a Constituição de 1988, eles tiveram seus direitos de propriedade reconhecidos. De lá para cá, em todo o Brasil, mais de 3 mil comunidades foram certificadas.

Festa em comemoração ao dia 13 de maio, que marca o fim da escravidão, na Comunidade Negra dos Arturos, em Contagem, MG. Foto de 2017. Essa comunidade quilombola é considerada patrimônio imaterial do estado de Minas Gerais.

1. Por que é importante para os quilombolas terem seus territórios demarcados e certificados pelo governo?

2. Pesquise, em publicações impressas ou digitais, informações sobre a comunidade quilombola mais próxima da escola. Procure descobrir a história da formação dessa comunidade. Anote as informações no caderno e, depois, compartilhe com os colegas.

Registros

Um poema quilombola

Os principais registros sobre o modo de vida quilombola são encontrados em relatos orais, cantigas, brincadeiras e festejos, entre outras tradições imateriais. Porém, há alguns registros escritos, feitos principalmente pelas gerações atuais, que têm acesso à escola e à internet. O poema a seguir é um exemplo disso. Ele foi escrito por Giselle do Rosário, que vive na Comunidade Quilombola Jacaré-Quara, em Acará, Pará.

Ser Quilombo é ter orgulho
e assumir o pouco que tem
assumir o cabelo torrado
e a pele negra também

Ser Quilombo é ter coragem
e amor no coração
[...]

É olhar olho no olho
e assumir sua identidade
respeitando as diferenças
no campo e na cidade

Ser negro não é vergonha
ser negro não é defeito
ser negro é não ter medo de lutar
por seus direitos
[...]

Orgulho de ser Brasil
orgulho de ser Pará
orgulho de ser Quilombo
Jacaré-Quara Acará
[...]

Giselle do Rosário. Ser Quilombo. Disponível em: <http://www.palmares.gov.br/wp-content/uploads/2010/11/Ser-quilombo.pdf>. Acesso em: 3 out. 2017.

1 Complete a ficha com informações sobre o poema.

Nome da autora do poema	
Nome da comunidade na qual vive	
Localização da comunidade	

2 Em sua opinião, quais sentimentos sobre o "ser quilombola" são apresentados nesse poema?

A população negra no Brasil atual

De acordo com dados do IBGE, em 2016, mais da metade da população brasileira (54%) declarou que se considerava negra. Apesar disso, esse grande grupo ainda sofre preconceito racial em muitas situações.

Desde a época da escravidão, os africanos e afrodescendentes enfrentam o racismo. Nesse período, os europeus criaram teorias que afirmavam a inferioridade dos negros em relação aos brancos, justificando a prática escravista. Essas ideias preconceituosas foram difundidas no mundo todo. Assim, com o fim da escravidão no Brasil, os escravizados que foram libertos não foram plenamente incorporados à sociedade. Ao contrário, a maioria foi marginalizada e discriminada. Muitos tiveram de assumir os trabalhos mal remunerados e viver em moradias precárias. Para lutar contra esse preconceito histórico, surgiram movimentos de defesa dos direitos dos afrodescendentes.

Esses movimentos realizaram importantes conquistas. Na Constituição de 1988, por exemplo, estabeleceu-se a igualdade de todos perante a lei. Iniciativas mais recentes, como a **política de cotas** nas universidades, têm como foco garantir oportunidades iguais aos negros. O Dia da Consciência Negra, em 20 de novembro, também favorece as reflexões sobre esse processo histórico e a conscientização sobre a importância dos povos africanos e das comunidades afro-brasileiras na construção do país.

Política de cotas: medida que reserva uma porcentagem de vagas para negros e pessoas de baixa renda nas universidades.

Reprodução de cartaz do evento Negro Eu Sou, que promoveu o diálogo sobre temáticas negras no município de Eunápolis, BA, em 2015. O evento ocorreu no mês da Consciência Negra, data da morte de Zumbi dos Palmares (20 de novembro).

1 Escreva uma frase sobre a importância de valorizar a cultura afro-brasileira. Depois, leia-a para os colegas e o professor.

Aprender sempre

1 Em 31 de maio de 1984, o terreiro Ilê Axé Iyá Nassô Oká, conhecido como Casa Branca, em Salvador, foi declarado patrimônio cultural nacional. Leia o texto a seguir, observe a imagem e responda às questões.

[...] o Terreiro Casa Branca ou Ilê Axé Iyá Nassô Oká foi o primeiro terreiro de culto afro-brasileiro reconhecido como patrimônio nacional. [...]

Segundo tradição oral e documentação existentes, o templo afro-brasileiro mais antigo de Salvador [...] tem sua fundação na década de 1830. [...]

[...] por ser o primeiro monumento afro-brasileiro a ter reconhecimento enquanto patrimônio do Brasil, "o tombamento da Casa Branca foi uma vitória contra o preconceito, o elitismo, o racismo, o etnocentrismo. Fez reconhecer a importância das criações culturais afro-brasileiras".

Encontro entre mãe e filha de santo no Ilê Axé Iyá Nassô Oká, em Salvador, BA. Foto de 2014.

Júlia Morim. Terreiro Casa Branca/Ilê Axé Iyá Nassô Oká. Fundação Joaquim Nabuco, 20 abr. 2014. Disponível em: <http://basilio.fundaj.gov.br/pesquisaescolar/index.php?option=com_content&view=article&id=1010%3Aterreiro-casa-branca-ile-axe-iya-nasso-oka&catid=54%3Aletra-t&Itemid=1>. Acesso em: 4 out. 2017.

a. Quando foi fundado o terreiro Casa Branca?

_____

b. Em sua opinião, o tombamento desse terreiro representou o reconhecimento da contribuição africana para a formação da cultura nacional? Por quê?

_____

_____

c. Você conhece outros espaços religiosos de origem africana? Em caso afirmativo, comente com os colegas suas experiências sobre o assunto.

d. Quais outras contribuições culturais dos povos africanos fazem parte da cultura nacional? Cite exemplos.

2 Leia, a seguir, a notícia de 2016 e, depois, responda às questões.

> A comunidade quilombola Mangueiras, situada no município de Belo Horizonte (MG), obteve o reconhecimento de seu território [...].
> A história do quilombo remonta às últimas décadas do século 19, com a ocupação das terras pela matriarca, Maria Bárbara de Azevedo [...].
> [...]
> Nos últimos anos, a comunidade de Mangueiras vem sofrendo ameaças de perda de seu território pelo crescimento da cidade e por obras de urbanização. [...]

Incra reconhece território da comunidade quilombola Mangueiras (MG). Instituto Nacional de Colonização e Reforma Agrária, 19 jan. 2016. Disponível em: <http://www.incra.gov.br/noticias/incra-reconhece-territorio-da-comunidade-quilombola-mangueiras-mg>. Acesso em: 4 out. 2017.

a. Sublinhe, no texto, as informações sobre a origem da comunidade quilombola de Mangueiras.

b. A Constituição de 1988 assegurou para os quilombolas o reconhecimento e a titulação de posse de suas terras ancestrais. Em sua opinião, explorar essas terras para outros fins é uma ação cidadã? Por quê?

3 O texto a seguir aborda a influência dos conhecimentos metalúrgicos de alguns povos africanos no Brasil. Leia-o e, depois, faça o que se pede.

> A arqueologia brasileira tem revelado parte da metalurgia africana importada pelo sistema colonial e realizada aqui por africanos. Estudos [...] de artefatos metálicos recuperados nos sítios históricos do Rio de Janeiro permitem datar e analisar a qualidade de instrumentos de ferro para o trabalho agrícola [...]. Nestes estudos são encontradas enxadas, machado e enxós. [...] Os estudos da metalurgia demonstraram maior qualidade do produto africano em relação ao europeu. [...]

Henrique A. Cunha Junior. Arte e tecnologia africana no tempo do escravismo criminoso. *Revista Espaço Acadêmico*, v. 14, n. 166, p. 108-109, 2015. Disponível em: <http://periodicos.uem.br/ojs/index.php/EspacoAcademico/article/view/25365>. Acesso em: 28 dez. 2017.

a. Quais instrumentos de trabalho são citados no texto? Você sabe para que eles servem? Se necessário, consulte um dicionário para descobrir.

b. Forme um grupo com dois colegas. Vocês vão pesquisar, em publicações impressas ou digitais, tecnologias desenvolvidas por povos africanos que influenciaram o trabalho no Brasil. O resultado da pesquisa deve ser um cartaz, com imagens e informações sobre a tecnologia pesquisada.

CAPÍTULO 9

Povos antigos do Oriente Médio

As guerras recentes no **Oriente Médio** têm levado à destruição de muitos sítios arqueológicos da região, que preservam vestígios de diversos povos da Antiguidade, como os assírios e os babilônios.

As cidades históricas de Palmira e Dura Europos, na Síria, e Nínive e Khorsabad, no Iraque, por exemplo, sofreram ataques e foram parcialmente destruídas. Museus, mesquitas e bibliotecas chegaram a ser saqueados e bombardeados.

Com esses ataques, importantes patrimônios históricos da humanidade foram perdidos para sempre.

Oriente Médio: região da Ásia que compreende os seguintes países: Afeganistão, Arábia Saudita, Bahrein, Catar, Emirados Árabes Unidos, Iêmen, Irã, Iraque, Israel, Jordânia, Kuwait, Líbano, Omã, Síria e Turquia.

Ruínas do Templo de Baal, na antiga cidade de Palmira, na Síria, completamente destruído após bombardeio. Foto de 2016. O templo foi construído entre os séculos 1 e 2, na época em que os antigos romanos dominavam a cidade de Palmira.

- Que vestígios do passado podemos observar na foto acima?
- Qual é sua opinião sobre a destruição de patrimônios históricos?
- As guerras são prejudiciais às populações em muitos aspectos. Em sua opinião, por quais motivos os povos guerreiam? Que alternativas às guerras poderiam ser empregadas para resolver as situações de conflito?

Povos da Mesopotâmia

Mesopotâmia é uma palavra de origem grega que significa "terra entre rios". A região está localizada entre os rios Tigre e Eufrates. Observe o mapa a seguir.

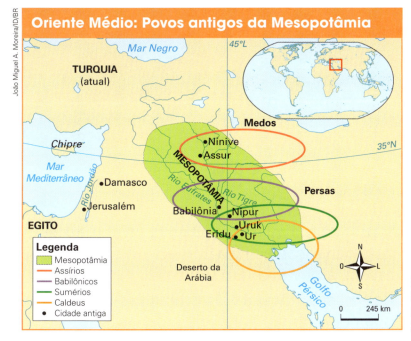

Fonte de pesquisa: Jeremy Black (Org.). *Atlas da história do mundo*. Londres: Dorling Kindersley, 2005. p. 24-25.

Em algumas épocas do ano, esses rios transbordavam e provocavam enchentes. Quando as águas retornavam ao seu leito, uma rica camada de húmus ficava depositada nas margens, tornando o solo fértil e próprio para o cultivo. Isso possibilitou a fixação de grupos humanos na região e o desenvolvimento da agricultura.

Foi em torno desses rios que, há cerca de 5500 anos, se desenvolveram diversas sociedades da Antiguidade, como os sumérios, os babilônios, os assírios e os caldeus. Esses povos mantiveram intenso contato com povos de outras regiões, como cuxitas, egípcios, fenícios e gregos.

As áreas ao redor dos rios Tigre e Eufrates, indo até o rio Nilo, formavam uma faixa que ficou conhecida como **Crescente Fértil**.

1 Compare o mapa desta página com um mapa político atual do Oriente Médio. Que países hoje se localizam no território da antiga Mesopotâmia?

_____

2 Que outras sociedades antigas você conhece que se desenvolveram às margens de rios?

_____

A formação das cidades-Estado

A agricultura era a principal atividade econômica na Mesopotâmia, com destaque para o plantio de cevada, trigo, lentilha, grão-de-bico, alho, cebola, tâmara, figo, uva, romã, ameixa, pêssego, melão e pepino.

A prática da agricultura foi possível graças à construção de sistemas de irrigação, que distribuíam a água dos rios Tigre e Eufrates para os campos de cultivo. O trabalho coletivo de homens e mulheres também foi fundamental para o desenvolvimento da agricultura na Mesopotâmia. Formaram-se, assim, as primeiras aldeias e cidades.

Vaso pintado, de 2600 anos atrás, encontrado na Síria atual.

Inicialmente, cada uma dessas aldeias e cidades era comandada por um sacerdote, que também cuidava dos templos religiosos. Ou seja, os líderes acumulavam o poder político e o religioso. Mais tarde, à medida que as cidades cresciam, a forma de organização política começou a se alterar. Surgiu, então, a figura do rei, que passou a governar em um palácio.

Nesse período, as cidades mesopotâmicas eram **cidades-Estado**, ou seja, cada uma delas era governada por um rei e tinha leis próprias. E em cada uma eram cultuados deuses próprios. Apesar disso, elas se relacionavam, principalmente por meio do comércio. Com o tempo, as cidades-Estado cresceram e passaram a disputar influência e territórios, o que deu origem a reinos e impérios.

 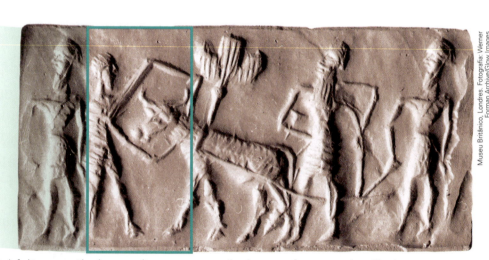

Molde de resina (à direita) feito a partir de escultura mesopotâmica em formato de cilindro (à esquerda) que data de cerca de 4300 anos atrás.

3 O relevo retratado acima apresenta o registro de qual atividade?

_____

_____

Os sumérios

Os sumérios habitavam as áreas férteis do sul da Mesopotâmia há cerca de 5 500 anos. Eles fundaram as primeiras cidades-Estado quando expandiram seu território pelo leste e oeste dos rios Tigres e Eufrates. Uruk deve ter sido a mais antiga cidade suméria, fundada sobre uma aldeia já existente, situada a leste do rio Eufrates.

Acredita-se que os sumérios criaram importantes técnicas agrícolas, como o arado e a carroça com roda. Criaram também a escrita, como estudaremos na página a seguir.

Os sumérios acreditavam em rituais mágicos para curar doenças e males que afligiam os seres humanos. Eles realizavam encantamentos, invocavam diferentes deuses e faziam uso de diversas plantas e ervas. Esse costume foi transmitido para outros povos mesopotâmicos. Posteriormente, os rituais mágicos contribuíram, de certa forma, para o conhecimento medicinal.

Estatueta feita há cerca de 3 800 anos que representa a deusa Ishtar, versão babilônica de Inanna, divindade suméria da guerra e do amor. Ela usa uma touca com chifres, característica comum dos deuses mesopotâmicos, e segura uma vara e o anel da justiça.

4 Marque com um **X** o item que completa corretamente a frase a seguir. Os sumérios organizaram-se em:

☐ um Estado centralizado, como no Egito faraônico.

☐ cidades-Estado independentes entre si, como Uruk.

☐ aldeias comunitárias, sem a existência de um governante.

5 Observe a imagem acima e leia a legenda. O que elas revelam sobre os sumérios e outros povos da Mesopotâmia?

▪ A escrita cuneiforme

Os registros escritos mais antigos que os estudiosos conhecem até o presente são atribuídos aos sumérios.

Mas como era o tipo de escrita desses registros? Os sumérios desenvolveram um instrumento chamado **cunha**, feito de metal ou de madeira e que tinha uma ponta com formato triangular. Com a cunha, eles faziam desenhos e inscrições em tabletes úmidos de argila. Esses registros representavam ideias e sons.

Devido ao uso da cunha, a escrita dos sumérios ficou conhecida como **cuneiforme**. Veja abaixo dois registros com essa escrita.

Tablete de argila com escrita cuneiforme, de cerca de 5 mil anos atrás, que mostra a contagem de alimentos agrícolas.

Tablete de argila com escrita cuneiforme, feita há cerca de 5 300 anos e que mostra a contagem de burros e carroças.

Com o desenvolvimento da escrita cuneiforme, foram criadas escolas para treinar escribas, responsáveis por registrar dados comerciais e governamentais: colheitas, número de animais, arrecadação de impostos, censo da população, entre outros. A escrita cuneiforme foi importante para o desenvolvimento da matemática e da astronomia.

Mais tarde, a escrita cuneiforme também começou a ser usada para redigir cartas, declarações, leis e outros registros.

6 Qual é a importância da escrita cuneiforme para o atual conhecimento da história dos sumérios?

Outras comunidades mesopotâmicas

Ao longo do tempo, o controle sobre as prósperas cidades-Estado de origem suméria foi assumido por diferentes povos. Um exemplo disso ocorreu há cerca de 4300 anos. Nessa época, o funcionário real Sargão tornou-se rei da cidade suméria de Kish. Ele passou a conquistar antigas regiões sumérias, dando origem ao Império Acádio, cuja capital era a cidade de Acad.

Os acádios foram sucedidos por babilônios e assírios, povos que também constituíram grandes impérios. O Império Babilônico ficou marcado pelo **Código de Hamurábi**, um conjunto de leis inspirado na frase "olho por olho, dente por dente". Esse código estabelecia regras para a vida familiar, as relações de trabalho, o julgamento de crimes, entre outros aspectos.

O Império Assírio ficou conhecido pelo **militarismo**. Os assírios eram povos guerreiros que desenvolveram armamentos e um rigoroso treinamento de soldados. Com suas táticas de guerra, eles conquistaram extensos territórios.

Militarismo: característica de estratégias políticas em que o uso da violência é empregado para resolver impasses.

Relevo assírio em pedra, feito há cerca de 2700 anos e que mostra homens caçando aves, coelhos e outros animais.

7 O que você entende pela frase "olho por olho, dente por dente"?

8 Observe a imagem acima e, depois, pinte de **verde** a afirmativa correta.

☐ O relevo mostra uma cena de guerra entre assírios e seus inimigos.

☐ Os assírios não sabiam usar arco e flecha, como demonstra a imagem.

☐ A imagem revela que os assírios tinham o costume de caçar.

Os fenícios

Há pouco mais de dois mil anos, os fenícios ocupavam uma estreita faixa de terra na região do atual Líbano, cercada por montanhas e pelo mar Mediterrâneo. Essas condições não favoreciam a agricultura, mas, sim, atividades como a pesca e o comércio marítimo.

Assim, os fenícios começaram a construir embarcações com a madeira de uma árvore muito encontrada na região: o cedro. Desenvolveram também técnicas de navegação que possibilitaram o comércio marítimo a longa distância, realizando trocas, por exemplo, com os axumitas. Com o passar do tempo, os fenícios passaram a controlar as rotas comerciais no mar Mediterrâneo. Várias colônias fenícias foram fundadas em pontos estratégicos. A principal delas era Cartago, na atual Tunísia.

Relevo feito há cerca de 2 400 anos que representa uma embarcação fenícia.

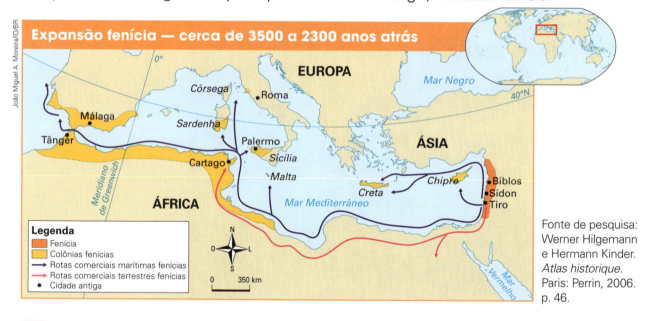

Fonte de pesquisa: Werner Hilgemann e Hermann Kinder. *Atlas historique*. Paris: Perrin, 2006. p. 46.

1 Que aspectos geográficos da Fenícia contribuíram para que os fenícios se tornassem grandes navegadores?

_____

_____

2 Quais são as cidades-Estado fenícias indicadas no mapa desta página?

O alfabeto fenício

Os fenícios conheciam as escritas egípcia e cuneiforme. A partir delas, passaram a usar sinais para representar sons: cada sinal representava um único som. Ao todo, foram criados 22 sinais que representavam as consoantes. As vogais precisavam ser atribuídas pelo leitor.

Essa forma de escrever facilitou muito as anotações comerciais. Por sua facilidade, o alfabeto fenício superou a barreira da especialização dos escribas, como exigiam o hieróglifo e a escrita cuneiforme. Houve, dessa forma, certa popularização da escrita.

Detalhe de inscrição, em alfabeto fenício, gravada no sarcófago de Eshmunazar II, rei de Sídon, feito há cerca de 2 500 anos.

A ideia foi adotada por outros povos para escrever suas próprias línguas, como os gregos e os romanos. A partir de então, a adoção do alfabeto na escrita facilitou a comunicação entre diferentes povos.

3 Compare a escrita fenícia, mostrada na imagem acima, com a escrita hieroglífica reproduzida abaixo. Depois, responda: Em sua opinião, qual das duas escritas parece mais difícil de aprender? Por quê?

Escrita hieroglífica no Templo de Amun, feita há cerca de 4 mil anos.

4 Em sua opinião, por que o desenvolvimento de uma escrita mais simples, na Antiguidade, contribuiu para que mais pessoas, além dos escribas, pudessem usá-la?

Vamos ler imagens!

Painéis sumérios e egípcios da Antiguidade

No mundo antigo, diferentes grupos humanos procuraram registrar os acontecimentos importantes de seu dia a dia, como uma colheita, um ritual religioso ou uma homenagem aos seus líderes. Esses registros foram feitos nas formas de escultura, pintura, inscrição em pedra, entre outras.

Por meio dessas produções, é possível compreender parte da história dos povos que registravam seus feitos. Isso ocorre porque esses registros fornecem importantes pistas sobre o passado, a cultura e a identidade de uma sociedade.

Agora, vamos comparar dois painéis produzidos por diferentes povos antigos. Observe os painéis abaixo: o primeiro faz parte do Estandarte de Ur, feito pelos sumérios, e o segundo é uma pintura feita pelos egípcios.

Painel "Paz" do Estandarte de Ur, feito há cerca de 4 600 a 4 400 anos, que representa cenas de celebração e de pagamento de tributos a um rei sumério.
O estandarte foi feito com pedaços de conchas, calcário, lápis-lazúli (pedra translúcida de cor azul), entre outros materiais.

Detalhe de painel pintado na tumba do funcionário real Rekhmire, de cerca de 3 400 anos atrás, que representa povos conquistados pelos egípcios pagando tributos ao faraó.

Agora é a sua vez

1 Observe novamente as duas imagens e leia suas legendas para completar o quadro abaixo.

	Painel A	Painel B
Data em que foi feito		
Povo que o produziu		
Como foi produzido		
Condição de preservação		

2 Forme dupla com um colega. Comparem os dois painéis e respondam às questões a seguir.

  a. Descrevam as cenas representadas no painel **A**.

  _____

  _____

  b. Descrevam as cenas representadas no painel **B**.

  _____

  _____

  c. Quais são as semelhanças entre os painéis **A** e **B**?

  _____

  _____

  d. Quais são as diferenças entre os painéis **A** e **B**?

  _____

  _____

3 Agora, escolham um dos painéis e criem uma história sobre o que foi representado nele. Registrem a história em uma folha de papel avulsa. Depois, leiam a história para os colegas.

Aprender sempre

1 Complete o quadro comparativo sobre os sumérios e os fenícios.

	Sumérios	Fenícios
Região onde se desenvolveram		
Principal atividade econômica		
Tipo de escrita desenvolvida		

2 Leia o texto a seguir, observe a imagem e responda às questões.

Em 1929, [...] o arqueólogo alemão Julius Jordan desenterrou uma vasta biblioteca de tábuas de argila de cinco mil anos de idade. [...]

As tábuas eram de Uruk, um vilarejo da Mesopotâmia nas margens do rio Eufrates – onde hoje fica o Iraque. [...]

As tábuas de barro adornadas com a primeira escrita [...] do mundo não eram usadas para poesia ou para enviar mensagens a terras distantes. Elas foram usadas como um pioneiro sistema de contabilidade.

Também eram usadas como os primeiros contratos escritos do mundo – pela pequena distância entre um registro do que foi pago e de uma obrigação futura a ser paga. [...]

Tablete de argila com escrita cuneiforme, de cerca de 4 600 anos atrás, que detalha um contrato de venda de um terreno e de uma casa.

Tim Harford. A necessidade econômica que levou ao desenvolvimento da primeira forma de escrita. *BBC Brasil*, 12 jun. 2017. Disponível em: <http://www.bbc.com/portuguese/geral-40245708>. Acesso em: 5 out. 2017.

a. Sublinhe, no texto, a passagem que mostra a função da escrita para os povos mesopotâmicos.

b. Que acontecimento foi registrado na tábua representada acima?

c. Esse documento é semelhante aos documentos atuais? Explique.

3 Leia o trecho do Código de Hamurábi a seguir para responder às questões.

> 55º – Se alguém abre o seu reservatório d'água para irrigar, mas é negligente e a água inunda o campo de seu vizinho, ele deverá restituir o trigo conforme o produzido pelo vizinho. [...]
> [...]
> 218º – Se um médico trata alguém de uma grave ferida [...] e o mata ou lhe abre uma incisão com a lanceta de bronze e o olho fica perdido, se lhe deverão cortar as mãos.

Código de Hamurábi. Disponível em: <http://www.dhnet.org.br/direitos/anthist/hamurabi.htm>. Acesso em: 5 out. 2017.

a. Que povo da Mesopotâmia criou o Código de Hamurábi?

_____

b. Sublinhe o trecho de artigo que diz respeito à agricultura.

c. Em sua opinião, a resolução de delitos estabelecida nesses trechos do Código de Hamurábi é justa? Por quê? Debata essa questão com o professor e os colegas.

4 No início do capítulo, vocês estudaram que muitos patrimônios históricos do Oriente Médio foram destruídos por causa de guerras. Com base nisso, criem um cartaz cujo objetivo seja conscientizar as pessoas sobre a importância de proteger esses patrimônios históricos. Sigam as etapas abaixo.

- Pensem em atitudes que contribuiriam para recuperar e preservar o que restou desses patrimônios. Façam uma lista em uma folha de papel avulsa.
- Com base nessas atitudes, elaborem uma frase sobre o tema.
- Criem desenhos ou pesquisem imagens relacionadas à preservação desses patrimônios históricos. As imagens podem ser recortadas de revistas ou jornais e também impressas da internet.
- Componham o cartaz em uma cartolina, utilizando a frase criada e os desenhos ou as imagens selecionadas.
- Com a ajuda do professor, exponham o cartaz no mural da sala de aula e apreciem os trabalhos dos colegas.

CAPÍTULO 10
Povos antigos da Índia e da China

Você gosta de movimentar o corpo? De fazer posições como as das fotos abaixo? Essas posturas fazem parte de um dos ramos do ioga. O ioga foi desenvolvido pelos indianos há muito tempo.

Trata-se de uma filosofia que, entre outros aspectos, abrange a prática de posturas corporais (os **ássanas**) associadas à respiração e à concentração. Essas três técnicas praticadas em conjunto preparam o corpo para a meditação e, entre outros benefícios, conduzem as pessoas a um estado de equilíbrio.

Até hoje, o ioga existe não apenas na Índia, mas também em diversas partes do mundo.

Crianças praticam ioga em Ahmedabad, na Índia. Foto de 2016.

Crianças praticam ioga em Genebra, na Alemanha. Foto de 2015.

Homem ensina a seu filho uma postura invertida de ioga, no Dia Internacional do Ioga, comemorado em 21 de junho. Allahabad, na Índia. Foto de 2016.

▷ Quais dessas posturas você acha que consegue fazer? Quais você considera muito difíceis? Por quê?

▷ Você já praticou ioga? Em caso afirmativo, conte como foi. Em caso negativo, responda: Você gostaria de praticar?

Indianos e chineses na Antiguidade

Dois povos asiáticos muito diferentes entre si, duas sociedades antigas, quatro grandes rios. De quem estamos falando? Dos indianos e dos chineses antigos.

Assim como os núbios, que se estabeleceram no vale do rio Nilo, e os povos da Mesopotâmia, que ocuparam regiões próximas aos rios Tigre e Eufrates, as sociedades indiana e chinesa também floresceram ao longo de grandes rios: os rios Indo e Ganges, na Índia, e os rios Amarelo (Huang He) e Azul (Yangtse), na China.

Fontes de pesquisa: Jeremy Black (Org.). *Atlas da história do mundo*. Londres: Dorling Kindersley, 2005. p. 23; Georges Duby. *Grand atlas historique*. Paris: Larousse, 1999. p. 223.

Essas duas culturas antigas desenvolveram costumes que se difundiram pelo mundo e até hoje fazem parte, de alguma forma, do nosso cotidiano. Se você conhece artes marciais, como o **kung fu**, ou se já provou algum prato temperado com **curry**, por exemplo, então já se deparou com essas duas culturas.

Kung fu: arte marcial chinesa.
Curry: tempero indiano composto de diversas especiarias.

1 Quais são os rios existentes no território da Índia? E no da China?

2 De acordo com o que você estudou, qual é a importância dos rios para a vida de uma comunidade? Explique utilizando exemplos históricos que você conhece.

A Índia Antiga

A ocupação agrícola da Índia ocorreu há cerca de 10 mil anos, com o surgimento de aldeias às margens dos rios Indo e Ganges. Foram desenvolvidos cultivos de cevada e trigo e a domesticação de cabras e carneiros.

Por volta de 5 mil anos atrás, surgiram dois grandes centros urbanos: **Harapa** e **Mohenjo-Daro**.

Essas cidades eram planejadas e divididas em duas partes. Havia a cidade baixa, com ruas de traçado retangular, casas de tijolos de barro e pátios equipados com banheiros públicos e sistema de esgoto. Nela, vivia a maioria da população. A parte alta, por sua vez, foi construída em uma plataforma de tijolos onde ficava o centro administrativo e religioso, protegido por muralhas.

Há 4 mil anos, aproximadamente, os **arianos**, povos nômades vindos da Europa Oriental, desceram os rios Indo e Ganges e ocuparam todo o norte da península indiana. Nessa região, eles desenvolveram pequenos reinos, chegando a constituir impérios. Sob o domínio ariano, foram criadas rotas comerciais que levavam produtos indianos para o Ocidente, como algodão, pérolas, marfim e especiarias.

Os arianos eram politeístas e cultuavam divindades relacionadas às forças da natureza. A mistura de sua religião com a das sociedades que habitavam as cidades de Harapa e Mohenjo-Daro deu origem ao **hinduísmo**.

Escultura de carro de bois, feita há cerca de 2 600 anos e encontrada na antiga cidade de Mohenjo-Daro, no atual Paquistão.

1 Contorne de roxo as expressões do quadro a seguir que estão ligadas à história da Índia Antiga.

agricultura	rios Indo e Ganges	grandes navegadores
	rios Azul e Amarelo	rio Nilo
arianos	politeísmo	monoteísmo

O hinduísmo

O hinduísmo também é conhecido como bramanismo. Isso ocorre porque, nessa religião, a divindade principal é Brahma, deus supremo, responsável pela criação de tudo e considerado a alma do Universo. Ele constitui uma trindade com Shiva, deus da destruição e da transformação, e Vishnu, deus responsável pela restauração e pela manutenção da ordem.

Os ensinamentos dessa religião formam os **Vedas**, um conjunto de hinos e preces que, durante milênios, foram transmitidos oralmente. De acordo com os pesquisadores, os Vedas só foram escritos e organizados em quatro livros há cerca de 2 200 anos. Em 2016, o hinduísmo era uma das religiões com maior número de seguidores no mundo, com cerca de 1 bilhão de adeptos.

■ O sistema de castas

Na Índia Antiga, os hindus acreditavam que a comunidade deveria ser organizada em **castas**, isto é, grupos sociais estabelecidos pelos próprios deuses e determinados desde o nascimento. Cada casta tinha suas próprias responsabilidades e privilégios. Os indivíduos que não pertenciam a nenhuma casta eram considerados *dalits* ou "intocáveis". Eles não tinham quaisquer direitos e eram obrigados a servir os membros das castas. Observe a ilustração que representa Brahma.

Da cabeça teriam nascido os **brâmanes**. Eles são os sacerdotes e a casta dominante.

Das coxas teriam surgido os **vixás**: comerciantes, artesãos e agricultores.

Ainda hoje, há resquícios dessa organização social na Índia, mas ela vem sendo combatida por organizações que defendem a igualdade social e o fim do preconceito de castas.

2 Recorte e cole os textos da página 145 nos locais corretos da ilustração acima e descubra as castas que estão faltando.

A China Antiga

A sociedade chinesa surgiu em torno dos rios Amarelo (Huang He) e Azul (Yangtse). Esses rios foram essenciais para o desenvolvimento da agricultura na região, especialmente os cultivos de trigo e arroz, por volta de 8000 anos atrás. Para melhor aproveitar as condições do solo, os chineses desenvolveram a irrigação e o plantio em terraços nas montanhas.

As primeiras cidades chinesas formaram-se às margens desses rios. Com o tempo, elas deram origem a reinos e impérios. Qin Shi Huang, que governou há cerca de 2300 anos, foi o primeiro imperador. Ele ampliou os territórios do Império Chinês e, em seu governo, unificou as leis, criou um calendário e estabeleceu um sistema de pesos e medidas. Ele ainda ordenou a construção de palácios, estradas, canais e pontes e deu início à construção da Grande Muralha da China, com o objetivo de afastar os povos nômades vindos do Norte.

Na China Antiga, os imperadores eram considerados a ligação entre os homens e os deuses e chamados de "filhos do céu".

Escultura de terracota de um soldado do imperador Qin Shi Huang, feita há mais de 2 mil anos.

Entre os séculos 15 e 16, a muralha foi reformada e ampliada às dimensões atuais: 2400 quilômetros de extensão. O trecho mais estreito tem 40 centímetros de largura e o mais largo, 6 metros. Próximo à atual Pequim, a altura alcança oito metros. Hoje, a Grande Muralha é considerada patrimônio mundial da humanidade. Foto de 2014.

1 Observe as fotos desta página e responda: De que forma elas podem ser relacionadas ao poder do Império Chinês?

Registros

O calendário chinês

O calendário chinês é um dos mais antigos do mundo. Ele combina o período que a Terra leva para dar uma volta completa ao redor do Sol com o período que a Lua leva para dar uma volta completa ao redor da Terra. Por isso, ele é chamado de **lunissolar**.

O ano do calendário chinês é dividido em doze meses, cada um deles com 29 ou 30 dias. Já os anos são agrupados em 12 eras, que se repetem eternamente. Por isso, esse calendário é considerado cíclico (ao contrário do calendário gregoriano utilizado no Brasil, que é sequencial).

Cada era do calendário chinês é composta de 60 anos, subdivididos em 5 ciclos menores, de 12 anos. Cada um desses anos corresponde a um animal. Veja o esquema a seguir.

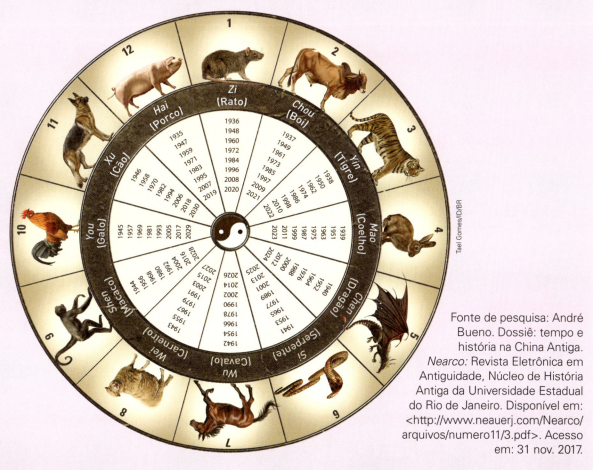

Fonte de pesquisa: André Bueno. Dossiê: tempo e história na China Antiga. *Nearco:* Revista Eletrônica em Antiguidade, Núcleo de História Antiga da Universidade Estadual do Rio de Janeiro. Disponível em: <http://www.neauerj.com/Nearco/arquivos/numero11/3.pdf>. Acesso em: 31 nov. 2017.

1 De acordo com o calendário acima, o ano em que você nasceu corresponde a qual animal da mitologia chinesa?

2 Quais são as semelhanças e as diferenças entre o calendário chinês e o calendário gregoriano usado no Brasil?

Pessoas e lugares

Um pouco da Ásia em São Paulo

O bairro da Liberdade, localizado no município de São Paulo, é conhecido por concentrar muitas comunidades de origem asiática.

Os primeiros a chegar foram os japoneses, no início do século 20. Depois, por volta de 1950 e 1960, vieram os chineses e os coreanos.

Os elementos culturais desses povos foram incorporados lentamente à paisagem do bairro. Ele ganhou o aspecto atual em 1974, após a realização de um projeto urbanístico, tornando-se um polo turístico.

As lanternas *suzuranto* e os **pórticos** (*tori*), de origem japonesa, chamam a atenção por sua beleza. O bairro também abriga templos **budistas**, centros de artes marciais, restaurantes e as principais festas e celebrações das comunidades de origem asiática.

> **Pórtico:** portal de entrada.
> **Budista:** seguidor do budismo, religião que surgiu na Índia Antiga, mas foi muito difundida na China.

Doces típicos japoneses para o *Tanabata Matsuri*, o Festival das Estrelas, uma comemoração de origem japonesa, no bairro da Liberdade, município de São Paulo. Foto de 2016. O festival é comemorado todos os anos em julho.

Luminárias públicas e pórtico ao estilo japonês em rua do bairro da Liberdade, município de São Paulo. Foto de 2015.

Festa do Ano-Novo chinês comemorado no bairro da Liberdade, município de São Paulo. Foto de 2017. Entre barracas com comidas típicas e apresentações de artes marciais, ocorre o Desfile do Dragão e do Leão, um dos momentos mais aguardados do evento. A comemoração acontece entre os meses de janeiro e fevereiro e toma as ruas do bairro.

Mercado que vende produtos orientais no bairro da Liberdade, município de São Paulo. Foto de 2016.

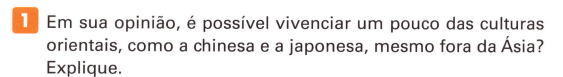

1. Em sua opinião, é possível vivenciar um pouco das culturas orientais, como a chinesa e a japonesa, mesmo fora da Ásia? Explique.

2. No município onde você vive, existem comunidades de japoneses ou de chineses? Você já participou de algum evento relacionado a esses grupos? Em caso afirmativo, conte como foi sua experiência.

3. Em seu dia a dia e no de sua família, vocês têm algum contato com elementos das culturas japonesa ou chinesa? Em caso afirmativo, com quais deles?

Aprender sempre

1 Observe a imagem, leia a legenda e responda à questão.

Esculturas chinesas de terracota que representam músicos, feitas entre os séculos 1 e 3.

- Que aspecto da cultura chinesa na Antiguidade essas esculturas revelam?

_____

_____

2 Na Índia, o direito à igualdade, consagrado na Constituição de 1950, garante que nenhum cidadão seja discriminado por sua religião, raça, casta, gênero ou local de nascimento. Leia a notícia a seguir.

> Sunil Yadav é um *dalit* de 36 anos de idade, da cidade indiana de Mumbai, e um crente fervoroso no poder da educação.
> Seu grau de estudo inclui um mestrado [...].
> No entanto, de acordo com o seu documento de identidade oficial, o Sr. Yadav ainda é um *sammarjak*, palavra indiana que define os limpadores manuais.
> Eles são responsáveis por limpar dejetos humanos e de animais a partir de baldes ou poços. O trabalho é realizado por membros de comunidades [...] conhecidos como intocáveis [...].

Mesmo com mestrado, "dalit" é limpador de rua na Índia. Portal Terra, 19 ago. 2015. Disponível em: <https://www.terra.com.br/noticias/educacao/mesmo-com-mestrado-dalit-trabalha-como-limpador-de-rua-na-india,cc08ab480ad64af765c66381cfc14314avrgRCRD.html>. Acesso em: 6 out. 2017.

a. Sublinhe a palavra do texto que revela a casta de Sunil Yadav.

b. Qual é o trabalho realizado por Sunil Yadav?

c. De acordo com a notícia, a Constituição Indiana de 1950 está sendo cumprida? Por quê?

3 Leia o texto a seguir para responder às questões.

> A Grande Muralha da China perdeu cerca de 30% do comprimento de sua porção mais famosa […] depois que seus tijolos foram utilizados para construir casas […]
> Cerca de 2 000 quilômetros desapareceram e 1 200 estão danificados […].
> "Os habitantes que vivem perto da Grande Muralha tinham o costume de utilizar seus tijolos para construir suas casas e vários setores da fortaleza foram destruídos como consequência da expansão urbana e da construção de estradas", detalhou Cheng Dalin, um especialista da Comissão de Estudos da Grande Muralha, citado pelo jornal *Global Times*.

Cerca de 30% da Grande Muralha da China da dinastia Ming desapareceu. *G1*, 29 jun. 2015. Disponível em: <http://glo.bo/1dswFZw>. Acesso em: 11 out. 2017.

a. Sublinhe os trechos do texto que mostram os motivos que levaram parte da Grande Muralha da China a desaparecer.

b. Em sua opinião, usar os tijolos da Grande Muralha, um patrimônio da humanidade, para construir casas é uma atitude correta? Por quê?

c. Que medidas poderiam ser tomadas para impedir a degradação da Grande Muralha?

4 Forme dupla com um colega para fazer uma pesquisa. Sigam as etapas abaixo.

- Escolham uma filosofia ou prática cultural de origem chinesa ou indiana, por exemplo: acupuntura, *kung fu*, ioga, *tai chi chuan, do in*, entre outras.

- Pesquisem as informações a seguir em publicações digitais ou impressas, anotando os resultados no caderno:
  - definição da filosofia ou da prática cultural escolhida;
  - características da filosofia ou da prática cultural escolhida.

- Na data combinada com o professor, compartilhem as descobertas com a turma. Nesse dia, vocês também podem levar objetos ou imagens sobre a pesquisa. Lembrem-se de contar por que escolheram essa filosofia ou prática cultural para pesquisar. Ao final, informem as fontes de pesquisa consultadas.

CAPÍTULO 11

As culturas grega e romana

Você já ouviu falar de Esparta? Esparta foi uma cidade-Estado da Grécia Antiga muito conhecida por sua educação voltada para as atividades militares.

Em Esparta, até os sete anos de idade, os meninos ficavam sob os cuidados da mãe. Depois, eles eram encaminhados para os ginásios, onde ficavam sob o poder do Estado e recebiam um rigoroso treinamento militar.

As meninas também recebiam uma educação que valorizava o esporte e a ginástica. O objetivo era que elas crescessem fortes e saudáveis para gerar filhos guerreiros. Dessa forma, aprender a ler e a escrever não eram atividades primordiais em Esparta. Observe os objetos a seguir e leia as legendas.

Guerreiros espartanos com lanças, representados em relevo feito há cerca de 2 500 anos.

Estátua em bronze que data de 2 600 anos atrás, de jovem espartana praticando corrida.

▶ A educação espartana é semelhante à educação que você recebe hoje no Brasil? Explique.

▶ O que você pensa sobre o ensino direcionado à guerra? Você concorda com esse tipo de educação? Por quê?

▶ Em sua opinião, o que as culturas grega e romana têm a ver com nossa cultura?

Grécia Antiga

A Grécia Antiga formou-se da união de diferentes povos que viviam na região dos **Bálcãs**, na península do Peloponeso e no litoral do mar Egeu.

Veja o mapa a seguir.

Bálcãs: região da Europa que, atualmente, compreende Albânia, Bulgária, Bósnia-Herzegovina, Croácia, Eslovênia, Grécia, Macedônia, Moldávia, Montenegro, Kosovo, Romênia, Sérvia e a parte europeia da Turquia.

Fonte de pesquisa: *Atlas da história do mundo*. São Paulo: Folha da Manhã, 1995. p. 74.

Nessas regiões, a língua falada era o grego, que apresentava algumas variações em cada comunidade grega. Essas comunidades se autodenominavam **helenos** e chamavam de "bárbaros" todos os povos que não falavam grego.

Os helenos compartilhavam entre si histórias mitológicas comuns. Como você estudou no capítulo 1, os mitos gregos eram muitos e variavam, mas todos incluíam divindades que viviam no monte Olimpo. Eles cultuavam titãs, deuses e heróis humanos, mas os diferenciavam.

Por sua localização, a Grécia Antiga tinha o comércio marítimo como principal atividade econômica. O crescimento populacional e a busca pela ampliação das atividades comerciais estimularam a fundação de colônias gregas no sul da península Itálica, chamada de Magna Grécia, na costa do mar Negro, no norte da África e em parte da Ásia. Nessas regiões, difundiram sua cultura e seus costumes.

1 A Grécia Antiga é comumente dividida nas seguintes regiões: Grécia continental, Grécia peninsular, Grécia insular, Grécia asiática e Magna Grécia. Com o professor e os colegas, observe o mapa acima novamente e procure identificar a localização dessas regiões.

O surgimento das *poleis*

Há cerca de 2 800 anos, a população da Grécia Antiga cresceu, o que contribuiu para o surgimento de novas cidades, chamadas de *poleis* (*pólis*, no singular) ou cidades-Estado. As *poleis* eram independentes entre si, cada uma com constituição própria, mas também tinham algumas características comuns:

- As áreas urbanas e rurais eram separadas por muralhas.
- Na área urbana, havia uma parte mais alta, chamada de **acrópole**, onde se localizavam os templos dos deuses.
- Na parte baixa, ficavam o mercado, as praças e as moradias. Na **ágora**, a praça principal da *pólis*, os gregos podiam debater política e assuntos referentes à cidade-Estado.

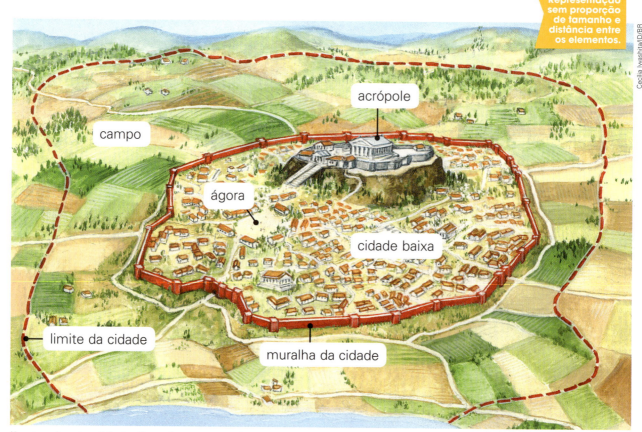

Ilustração de cidade-Estado grega antiga.

No início deste capítulo, você conheceu algumas características de Esparta, *pólis* em que a comunidade se identificava como guerreira. Atenas, por sua vez, ficou marcada pelo nascimento da **democracia**, que estudaremos a seguir.

2 Observe a imagem acima. Contorne o local onde os gregos costumavam discutir os rumos da *pólis*.

3 As *poleis* são parecidas com as áreas urbana e rural do município onde você vive? Por quê?

A democracia ateniense

As *poleis* tinham formas de governo diferentes entre si. Muitas delas eram governadas apenas por um grupo privilegiado, a aristocracia; outras permitiam a participação das assembleias populares nas decisões.

Em Atenas, o poder dos aristocratas começou a ser questionado pelos camponeses, artesãos e comerciantes, que eram excluídos da vida política. Isso resultou em uma grande tensão social.

Para resolver a situação, há cerca de 2 600 anos, o legislador Sólon reformou as leis atenienses, instituindo várias medidas. Uma delas foi a criação da **eclésia**, uma assembleia popular da qual podiam participar todos os cidadãos atenienses maiores de 18 anos de idade.

Pouco menos de cem anos depois, o governante e legislador Clístenes implantou, de fato, a **democracia** em Atenas. A eclésia ganhou plenos poderes, ou seja, todos os homens, ricos e pobres, tinham direito à participação direta em assuntos políticos da *pólis*. Assim, a democracia ateniense tornou-se direta.

Porém, apenas os homens, filhos de pai e mãe atenienses, eram considerados cidadãos. Mulheres, estrangeiros (chamados de metecos) e escravos continuaram sem ter direito de participar da vida política da *pólis*.

Ânfora, tipo de jarra de cerâmica feita em Atenas, por volta de 2 500 anos atrás. Ela mostra uma cena de mulheres enchendo ânforas com água. As mulheres atenienses não eram consideradas cidadãs. Eram responsáveis pelas atividades domésticas e estavam sob a tutela do pai ou do marido.

Detalhe de estela, feita há mais de 2 330 anos, que representa o povo grego sendo coroado pela democracia. Essa estela também contém a inscrição de uma lei contra a tirania, isto é, o exercício arbitrário e opressor do poder.

4 O que significa democracia direta? É possível afirmar que, atualmente, vivenciamos uma democracia direta no Brasil? Por quê?

Roma Antiga

A cidade de Roma, localizada na península Itálica, surgiu da união de povos de diferentes origens, como os latinos, os samnitas e os etruscos. Ao ocuparem essa região, desenvolveram a agricultura, a criação de animais, o artesanato e o comércio marítimo. Segundo pesquisas arqueológicas, a fundação de Roma ocorreu há cerca de 2 770 anos.

De acordo com o mito, Roma teria sido fundada pelos gêmeos Rômulo e Remo, filhos da união entre uma mulher mortal e Marte, o deus da guerra. Quando eram bebês, a morte deles foi decretada pelos deuses. Para salvá-los, a mãe escondeu os filhos em um cesto, que foi lançado no rio Tibre. Eles teriam sido salvos por uma loba, que os amamentou até serem encontrados por um pastor e sua esposa. Já adultos, os gêmeos teriam descoberto suas origens e, então, fundaram a cidade de Roma.

Europa: Roma Antiga — cerca de 2000 a 2300 anos atrás

Fonte de pesquisa: Ancient Rome. *Encyclopaedia Britannica*. Disponível em: <https://www.britannica.com/place/ancient-Rome>. Acesso em: 12 out. 2017.

Antonio Pollaiuolo. *Loba Capitolina e os gêmeos Rômulo e Remo*, feita entre 1484 e 1496. Escultura em bronze.

1 No mapa desta página, contorne o principal rio que passa por Roma.

2 Qual é a relação entre a escultura de Antonio Pollaiuollo e o mito de fundação da cidade antiga de Roma? Você conhece outros mitos da origem de cidades? Em caso afirmativo, conte para os colegas.

A monarquia e a república na Roma Antiga

A primeira forma de governo de Roma foi a monarquia. Nesse período, os reis concentravam os poderes civil e militar, e a sucessão era de pai para filho. Mas, desde o início, o Senado romano era o órgão político máximo. Durante a monarquia, o Senado era formado pelo Conselho dos Anciãos, responsável por escolher os reis, criar as leis e limitar o poder do rei. Para chegar ao Senado, era necessário ser membro de uma família tradicional e ter exercido alguns cargos públicos. Desse modo, só os mais velhos podiam exercer a função de senador.

A monarquia romana chegou ao fim há cerca de 2 600 anos, após uma revolta contra o abuso de poder do rei. Em seu lugar, foi proclamada a república (do latim *res publica*, que significa "coisa pública"). Inicialmente, o poder do Estado passou para as mãos dos **patrícios**, que escolhiam dois **cônsules** responsáveis por presidir o Senado e as **assembleias populares**. Com o tempo, os **plebeus** passaram a ter mais voz na vida política de Roma.

Havia também os **escravos**, que eram os prisioneiros de guerra. A quantidade de escravos em Roma variou durante a Antiguidade. Em geral, eram responsáveis pela maior parte dos trabalhos manuais, como a lavoura e o artesanato.

Patrício: como era chamada a pessoa pertencente à aristocracia em Roma. Os patrícios eram ricos proprietários de terras e consideravam-se descendentes dos fundadores de Roma.
Assembleia popular: formada por plebeus que elegiam os magistrados (tipo de governante) e votavam leis e declarações de guerra.
Plebeu: formava a multidão, isto é, pessoas que trabalhavam no comércio, no artesanato, na agricultura e na criação de animais. Eram obrigados a servir o exército.

Escultura em mármore, feita há cerca de 2 270 anos, que representa senadores romanos na ocasião da escolha de um cônsul.

3 Leia as afirmativas a seguir sobre Roma Antiga e classifique-as, marcando **M** para monarquia e **R** para república.

☐ Nessa forma de governo, o rei controlava o Estado romano.

☐ O poder do rei era limitado pelo Senado.

☐ Os patrícios e os plebeus passaram a participar das decisões políticas de Roma.

Os plebeus e a expansão territorial

Durante a república, há cerca de 2 600 anos, os plebeus não tinham o direito nem de se eleger a cargos políticos nem de participar do Senado. Insatisfeitos com o domínio dos patrícios, eles se revoltaram.

Os movimentos de revolta levaram à criação tanto da figura do **tribuno da plebe**, que seria a pessoa responsável por defender os interesses dos plebeus, quanto das Leis das Doze Tábuas, que estabeleceram os direitos deles. Com o tempo, os plebeus também puderam se candidatar ao cargo de cônsul.

Durante a república, Roma também se expandiu territorialmente, principalmente há cerca de 2 200 anos. Além da península Itálica, os romanos conquistaram áreas no norte da África e no sul da península Ibérica, ilhas no mar Mediterrâneo e regiões da Ásia. Para controlar esse vasto território, os exércitos tornaram-se profissionais e os comandantes militares ganharam poder político.

A expansão territorial de Roma também contribuiu para uma intensa troca cultural. Muitos costumes romanos foram difundidos nas áreas conquistadas, assim como elementos da cultura dos povos dominados foram incorporados pelos romanos.

Cena em mercado romano. Alto-relevo de mármore, feito no século 2.

4 Os plebeus sempre tiveram direitos políticos na Roma Antiga. Essa afirmativa está correta? Por quê?

5 Observe a imagem desta página. Que grupo social da Roma Antiga foi representado nela? Como você chegou a essa conclusão?

Laboratório de Arqueologia Romana Provincial
Disponível em: <http://www.larp.mae.usp.br/rv/roma-360>. Acesso em: 30 ago. 2017.

Nesse *site*, desenvolvido pelo Museu de Arqueologia e Etnologia da Universidade de São Paulo (MAE-USP), é possível conhecer, em um passeio virtual, algumas construções importantes da Roma Antiga.

Registros

Os algarismos romanos

Uma das marcas das trocas culturais entre os romanos e outros povos da Antiguidade é o uso dos algarismos romanos. Esses algarismos são utilizados até hoje, principalmente para indicar os séculos. Vamos conhecer esse sistema de numeração?

Observe a tabela abaixo. Ela mostra as letras que, no sistema de numeração romano, correspondem aos números. O zero não é representado.

I	V	X	L	C	D	M
1	5	10	50	100	500	1 000

Para representar os números, essas letras são combinadas de acordo com as regras a seguir.

- As letras I, X, C e M podem ser repetidas seguidamente até três vezes, devendo ter seus valores somados. As letras V, L e D não podem ser repetidas. Exemplos:

    III ⇒ 3   XX ⇒ 20   MMM ⇒ 3 000

- Se a letra da esquerda tiver valor igual a ou maior que o valor da letra da direita, some os valores. Exemplos:

    VIII ⇒ V + III ⇒ 8   XVI ⇒ X + VI ⇒ 16   XVII ⇒ X + VII ⇒ 17

- Se a letra I estiver à esquerda das letras V e X, se a letra X estiver à esquerda da letra L ou se a letra C estiver à esquerda de D e M, faça uma subtração. Exemplos:

    IV ⇒ V − I ⇒ 4   XL ⇒ L − X ⇒ 40   CD ⇒ D − C ⇒ 400

1 Em qual século você nasceu? Responda com algarismos romanos.

2 Pesquise imagens que mostrem o uso dos algarismos romanos atualmente. Em uma data combinada, traga para a sala de aula as imagens selecionadas. Você deve anotar no caderno os números romanos que aparecem nas imagens e em qual contexto eles são usados (por exemplo, para marcar séculos, horas de um relógio, etc.).

Aprender sempre

1 Leia o texto a seguir sobre a democracia e, depois, responda às questões.

> A palavra democracia vem do grego. Nessa língua, *demos* significa povo e *cracia* quer dizer poder. Juntando as duas partes, chegamos à conclusão que democracia significa poder do povo, ou ainda, poder no povo.
>
> Parece incrível, mas tem muita gente que não sabe o que é democracia, o que ela garante e como funciona. Uma pista para descobrir o que é uma democracia é fazer a pergunta "Quem governa?". Se na resposta aparecer a palavra povo, estamos falando de uma democracia, pois, neste caso, as decisões passam, de alguma maneira, pelo povo. [...]

Viva a democracia! Plenarinho. Portal da Câmara dos Deputados. Disponível em: <https://plenarinho.leg.br/index.php/2017/06/08/viva-a-democracia/>. Acesso em: 16 out. 2017.

a. Segundo o texto, qual é o significado da palavra democracia?

b. Em Atenas, *pólis* da Grécia Antiga, o poder era verdadeiramente exercido pelo povo? Explique.

c. Em sua opinião, qual é a importância da democracia para as conquistas sociais da população de um país?

2 Leia, a seguir, um texto que trata dos calendários utilizados na Roma Antiga.

> No estudo da ordenação do tempo romano durante a República, podemos distinguir [...] três categorias de "calendários":
>
> (1) o calendário natural, vivido por todos os homens, marcado pelas estações que determinam o ciclo da agricultura e pelo movimento dos astros (Sol e Lua); (2) o calendário civil [...], que indica o nome dos meses, a ordem dos dias e das fases da Lua, e (3) o calendário religioso, que determina as festas e demais rituais de cada mês. [...]

Norma M. Mendes e Airan dos Santos Borges. Os calendários romanos como expressão de etnicidade. *Revista História*: Questões & Debates, Curitiba, Ed. da UFPR, v. 48-49, p. 80-81, 2008. Disponível em: <http://revistas.ufpr.br/historia/article/view/15295/10286>. Acesso em: 16 out. 2017.

a. Quais eram as funções dos calendários natural, civil e religioso durante a república romana? Anote a resposta no caderno.

b. De acordo com a função de cada calendário, qual deles é mais parecido com o calendário oficial que utilizamos? Levante hipóteses.

3 Observe a imagem a seguir, leia a legenda e, depois, faça o que se pede.

Detalhe de pintura, em painel de madeira, que data de mais de 2600 anos, encontrado na caverna de Pitsa, na antiga *pólis* de Sicião, hoje pertencente à região de Coríntia, atual Grécia. A pintura representa uma cena religiosa com pessoas fazendo a oferenda de um cordeiro aos deuses.

a. Complete esta ficha sobre a imagem.

Quando a pintura foi feita?	
Que povo a pintou?	
Onde ela foi encontrada?	

b. O que mais chamou sua atenção na cena representada? Por quê?

c. O que essa pintura revela sobre os costumes da Grécia Antiga? Explique citando elementos da obra.

_____

_____

_____

_____

cento e trinta e um **131**

CAPÍTULO 12

Cidadania e democracia no Brasil: um processo histórico

Enquanto algumas ideias, conceitos e costumes dos diferentes povos da Antiguidade desapareceram com o passar do tempo, outros foram sendo adaptados, transformados ou até preservados por várias sociedades.

Esses processos, que levaram milênios, influenciam manifestações políticas e culturais até hoje. Um exemplo disso é a realização dos jogos olímpicos, criados na Grécia Antiga. Esses jogos foram resgatados no final do século XIX e, desde essa época, são organizados pelo Comitê Olímpico Internacional (COI). Em 1960, foram criados os jogos paraolímpicos.

Jogo de basquete masculino entre as seleções da Austrália e do Canadá nos Jogos Paraolímpicos Rio 2016. Os jogos paraolímpicos ocorrem no mesmo local e ano que os jogos olímpicos e são disputados por esportistas com deficiência física. Foto de 2016.

▶ Qual seria a relação entre os jogos olímpicos atuais e os jogos olímpicos da Grécia Antiga?

▶ Você sabe dizer quais são as modalidades esportivas dos jogos olímpicos atuais? E as dos jogos paraolímpicos?

▶ Recorte as peças da página 151 e monte a miniatura da mascote dos Jogos Paraolímpicos Rio 2016, chamada de Tom, em homenagem ao músico brasileiro Tom Jobim. Depois, conte à turma se você acompanhou esses jogos e, se sim, como foi essa experiência.

Como as ideias chegaram

Você já sabe que, durante a república, os antigos romanos dominaram extensos territórios. Um dos povos conquistados nesse período foram os gregos, e isso intensificou as trocas culturais entre eles, fortalecendo a cultura greco-romana. Mas qual é a relação desse processo com o Brasil?

Para descobrir, é importante saber que muitos costumes dessas duas sociedades antigas influenciaram todo o resto da Europa.

O alfabeto latino, por exemplo, desenvolvido pelos romanos, é uma adaptação dos alfabetos fenício e grego. Ele deu origem ao alfabeto que conhecemos hoje. O latim, por outro lado, foi se transformando e deu origem a línguas chamadas **latinas**, como o português e o espanhol. O cristianismo, religião oficial de Roma a partir do século IV, tornou-se a principal expressão religiosa do mundo ocidental.

Essas e outras características inspiradas na cultura greco-romana foram trazidas ao Brasil pelos portugueses no período colonial. Em 1822, o Brasil conquistou sua independência, mas houve a continuidade de vários costumes europeus. Os modelos políticos e jurídicos adotados, por exemplo, tinham algumas de suas bases inspiradas no modelo da Roma Antiga, como o direito e o Senado. Outro exemplo pode ser verificado a partir de 1889, quando o Brasil adotou o modelo republicano de governo.

Theatro da Paz, em Belém, PA. Foto de 2017. Esse teatro foi fundado em 1878 e apresenta uma arquitetura neoclássica, caracterizada por elementos do estilo arquitetônico greco-romano na Antiguidade.

1 A imagem mostra que tipo de influência da cultura greco-romana? Você reconhece outras influências em seu dia a dia? Em caso afirmativo, diga quais.

Democracia e cidadania no Brasil

O Brasil é hoje uma **república presidencialista**, cujos representantes são escolhidos em **eleições diretas**. É um país de **regime democrático**. Mas nem sempre foi assim. Trata-se de um processo histórico.

Entre 1964 e 1985, o Brasil viveu um período conturbado e violento, que ficou conhecido como ditadura militar. Nessa época, os brasileiros não podiam se manifestar livremente nem votar. Quem escolhia o presidente, por exemplo, era o Congresso Nacional. Havia uma intensa censura aos meios de comunicação, e aqueles que eram contra o governo podiam ser perseguidos, presos e até mesmo torturados e mortos.

No início dos anos 1980, essa situação começou a mudar, com o fim da censura aos meios de comunicação e a volta das manifestações públicas. Em 1984, diferentes setores da sociedade organizaram protestos para reivindicar eleições diretas para presidente. O movimento ganhou força e ficou conhecido como Diretas Já. Apesar das pressões, o Congresso Nacional não aprovou a reivindicação. Isso só aconteceu em 1988, com a promulgação da nova Constituição do país, que vigora até hoje.

Henfil. Charge sobre o movimento das Diretas Já, década de 1980.

Além da garantia das eleições diretas para presidente, governadores e prefeitos, a Constituição de 1988 determinou outros direitos aos brasileiros. O voto passou a ser obrigatório para brasileiros e brasileiras alfabetizados entre 18 e 70 anos de idade, e é facultativo (não obrigatório) para pessoas analfabetas, pessoas maiores de 70 anos e jovens de 16 e 17 anos de idade. Outros exemplos de direitos estabelecidos são: pena de prisão para crimes de racismo, demarcação de Terras Indígenas e direitos iguais para trabalhadores rurais e urbanos.

1 A atual Constituição brasileira é conhecida como Constituição Cidadã. Em sua opinião, por que ela recebeu esse nome?

Cidadania, desigualdade e exclusão social

A Constituição de 1988 instituiu os direitos fundamentais dos brasileiros. São direitos e deveres que garantem o exercício da cidadania, como mostra o seguinte trecho:

> Art. 5º – Todos são iguais perante a lei, sem distinção de qualquer natureza, garantindo-se aos brasileiros e aos estrangeiros residentes no País a inviolabilidade do direito à vida, à liberdade, à igualdade, à segurança e à propriedade [...].
>
> Art. 6º – São direitos sociais a educação, a saúde, o trabalho, a moradia, o lazer, a segurança, a previdência social, a proteção à maternidade e à infância, a assistência aos desamparados, na forma desta Constituição.

Constituição da República Federativa do Brasil. São Paulo: Saraiva, 2007. p. 5 e 12.

Observe as fotos e leia as legendas a seguir.

Alunos de uma escola municipal da comunidade Travessão de Ouro, em Floresta, PE, em 2016.

Pessoas em situação de rua no centro de Curitiba, PR, em 2016.

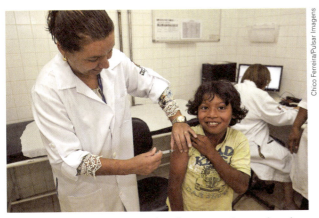

Criança indígena guarani m'bya sendo vacinada no município de São Paulo, em 2016.

Marcha Zumbi dos Palmares que ocorreu em Salvador, BA, no Dia da Consciência Negra, em 2015.

2 De acordo com as fotos e as legendas acima, os direitos estabelecidos na Constituição são sempre respeitados? Explique.

Organização do Estado brasileiro

De acordo com a Constituição de 1988, a administração do Estado brasileiro está baseada na **federação** e na **separação dos poderes Legislativo, Judiciário e Executivo**. Ambos derivam da importância dada aos cidadãos e a seus direitos individuais e coletivos.

Mas o que significa dizer que o Brasil é uma federação? Significa que nosso país é formado pela união política de diversos territórios (as unidades federativas), que têm certa autonomia e governo próprio, mas estão ligados a um governo central (o governo federal). Ao todo, são 26 estados e o Distrito Federal. Por isso, a federação também é chamada de União.

Como você já aprendeu, cada estado tem diversos municípios. Tanto os estados quanto os municípios têm governantes e leis particulares, mas sempre respeitando a lei suprema e fundamental do país, a Constituição.

O poder público no Brasil está organizado em três poderes: Executivo, Legislativo e Judiciário. Essa divisão garante que cada um dos poderes seja limitado pelos outros dois. A tripartição de poderes está na origem das Constituições modernas, assim como a independência e a harmonia entre os três poderes.

Observe o esquema abaixo.

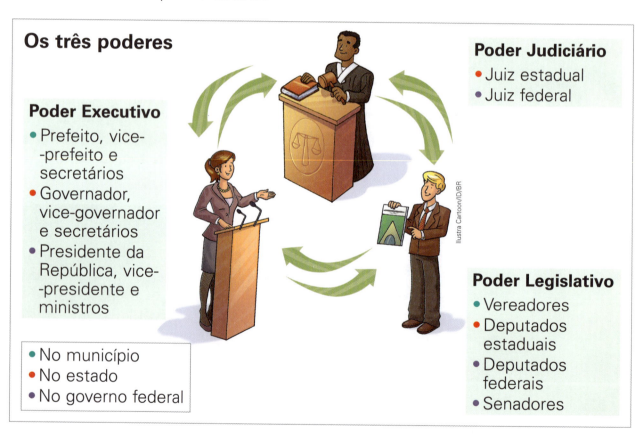

3 Levante hipóteses sobre a importância de cada um dos poderes públicos no Brasil. Depois, confronte as hipóteses levantadas com o conteúdo da próxima página.

A função de cada poder

Veja, a seguir, a função de cada um dos poderes públicos.

- **Poder Executivo**: é o responsável por governar o povo e administrar o funcionamento do país, dos estados ou dos municípios de acordo com a Constituição.

Vista do Palácio do Planalto, sede do Poder Executivo federal, em Brasília, DF. Foto de 2014.

- **Poder Legislativo**: é o responsável por formular, analisar e aprovar propostas que podem se tornar leis. Também fiscaliza o Poder Executivo. Na União, o Poder Legislativo funciona no Congresso Nacional, composto pela Câmara dos Deputados e pelo Senado Federal.

Indígenas protestam em frente à Câmara Municipal (sede do Poder Legislativo municipal) de Itaituba, PA. Foto de 2017.

- **Poder Judiciário**: é o responsável por fazer com que as leis sejam cumpridas e que os direitos individuais, coletivos e sociais sejam garantidos. É formado por diferentes órgãos, como o Supremo Tribunal Federal, o Superior Tribunal de Justiça e os tribunais regionais federais.

Escultura *A Justiça*, de Alfredo Ceschiatti, de 1961, em frente ao Supremo Tribunal Federal, sede do Poder Judiciário federal, em Brasília, DF. Foto de 2016.

4 Observe as fotos acima e indique a qual poder público cada uma se refere.

Foto **A**: _____

Foto **B**: _____

Foto **C**: _____

Vamos ler imagens!

O Senado: imagens do passado e do presente

Como você aprendeu, o Senado é uma instituição que surgiu há mais de dois mil anos na Roma Antiga e era formado por um Conselho de Anciãos, do qual participavam homens de origem nobre e da aristocracia.

cúria: local em que ocorriam as reuniões dos senadores.

Nesse período, os senadores se reuniam na **cúria** da cidade para debater assuntos de ordem pública. Ao longo do tempo, eles passaram a propor as leis e a supervisionar a administração das províncias.

Veja, abaixo, uma representação do Senado romano.

Cícero denuncia Catilina, pintura de Cesare Maccari, de 1889. Essa pintura representa o cônsul Cícero (em pé, à esquerda) denunciando o senador Catilina (isolado, à direita) de agitar uma conspiração contra outros senadores para derrubar a república romana. A denúncia foi feita há cerca de 2 060 anos, no Templo de Júpiter.

Observe o modo como os assentos estão organizados, em semicírculo. Esse formato retoma as arenas e os teatros greco-romanos. Note que não há mulheres representadas, já que elas não eram consideradas cidadãs.

Os senadores estão usando vestimenta branca. Na Roma Antiga, era difícil manter limpas as roupas dessa cor, que acaba deixando muito evidente alguma avaria no tecido. Isso indica que esses homens faziam parte da elite romana, tendo, possivelmente, várias vestes à disposição e servos responsáveis pela limpeza delas.

Agora é a sua vez

1 Observe esta foto, que retrata uma sessão do Senado brasileiro. Depois, marque com um **X** as opções corretas.

Sessão de votação para presidência do Senado, realizada em 2017. Os senadores se reúnem no Salão Azul do Congresso Nacional. O Senado brasileiro é composto de 81 senadores, eleitos por voto direto, com mandato de oito anos.

a. Como os assentos estão organizados?

☐ Em duplas. ☐ Em semicírculo. ☐ Em círculo.

b. Há homens e mulheres nessa sessão?

☐ Sim. ☐ Não.

c. Que cargos, provavelmente, as pessoas representadas na foto ocupam?

☐ Vereadores. ☐ Deputados. ☐ Senadores.

2 Que tipos de roupa as pessoas representadas usam?

_____

_____

3 Compare a imagem **A**, da página anterior, com a imagem **B** acima.

a. O artista que fez a pintura da imagem **A** estava presente na cena? E o fotógrafo que fez a imagem **B**, estava presente? Explique.

b. Liste as diferenças e as semelhanças entre a representação do Senado romano e a representação do Senado brasileiro.

cento e trinta e nove **139**

Aprender sempre

1 Complete o quadro a seguir sobre a organização dos poderes Executivo e Legislativo no Brasil. Siga os exemplos apresentados.

	Executivo	Legislativo
União (Governo Federal)		Cargo: senadores Mandato: 8 anos Funções principais: propor, revisar e alterar leis; fiscalizar e julgar o Poder Executivo federal; aprovar os ministros do Supremo Tribunal Federal.
Estados		Cargo: deputados estaduais Mandato: 4 anos Funções principais: elaborar leis estaduais e fiscalizar o governador.
Municípios	Cargo: prefeito Mandato: 4 anos Funções principais: administrar o município.	Não há senadores no nível municipal.

2 Escolha uma área de atuação do poder público (saúde, educação, segurança, lazer, entre outras) e pesquise quais são as responsabilidades de cada poder (Executivo, Legislativo ou Judiciário) em relação a essa área, em cada esfera (municipal, estadual ou federal). Anote as informações em uma folha avulsa e, depois, disponibilize-a para a consulta da comunidade escolar.

3 A república romana antiga é parecida com a República do Brasil? E a democracia em nosso país, é semelhante à democracia ateniense? Escreva duas frases, uma para cada pergunta, no caderno.

4 Ao longo do tempo, novas leis foram adicionadas à Constituição de 1988. Leia os textos, observe a imagem e faça o que se pede.

> Art. 3º – É obrigação da família, da comunidade, da sociedade e do Poder Público assegurar ao idoso, com absoluta prioridade, a efetivação do direito à vida, à saúde, à alimentação, à educação, à cultura, ao esporte, ao lazer, ao trabalho, à cidadania, à liberdade, à dignidade, ao respeito e à convivência familiar e comunitária.

Estatuto do Idoso. Lei n. 10 741, 1º out. 2003. Disponível em: <http://www.planalto.gov.br/ccivil_03/leis/2003/l10.741.htm>. Acesso em: 17 out. 2017.

> Art. 5º – Nenhuma criança ou adolescente será objeto de qualquer forma de negligência, discriminação, exploração, violência, crueldade e opressão, punido na forma da lei qualquer atentado, por ação ou omissão, aos seus direitos fundamentais.

Estatuto da Criança e do Adolescente. Lei n. 8 069, 13 jul. 1990. Disponível em: <http://www.planalto.gov.br/ccivil_03/leis/l8069.htm>. Acesso em: 17 out. 2017.

Idosa se exercitando em praça de Florianópolis, SC. Foto de 2015.

a. Qual é o nome dos documentos apresentados? Do que tratam e quando foram criados?

_____

_____

b. A imagem apresenta o cumprimento de qual das duas legislações? Contorne o texto que faz parte dela.

c. Atualmente, no município onde você mora, essas legislações são cumpridas? Como é a situação das populações protegidas por essas leis? Se necessário, faça uma pesquisa em publicações oficiais municipais, impressas ou digitais, para descobrir. Além disso, converse com as pessoas mais velhas que convivem com você para verificar o que elas sabem dessas legislações. Anote suas descobertas no caderno e, depois, compartilhe com os colegas.

Sugestões de leitura

A criação do mundo e outras lendas da Amazônia, de Vera do Val. Ilustrações de Geraldo Valério. Editora WMF Martins Fontes.

Nesse livro, você vai conhecer oito mitos dos povos indígenas da floresta Amazônica. O primeiro deles é sobre a criação do mundo, na visão do povo Araweté, que vive no Pará. Também há histórias sobre a criação dos animais, da noite, das estrelas, entre outras.

Arte rupestre, de Hildegard Feist. Editora Moderna.

Em diversas partes do mundo, inclusive no Brasil, é possível ver algumas pinturas rupestres que foram preservadas ao longo de milhares de anos. Esse livro analisa alguns desses importantes registros de nossos ancestrais.

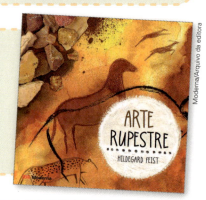

Os gêmeos do Popol Vuh, de Jorge Luján. Tradução de Heitor Ferraz Mello. Ilustrações de Saúl Oscar Rojas. Edições SM (Coleção Cantos do Mundo).

Acompanhe as aventuras dos gêmeos Hun Ah Pu e X Balam Ke, heróis da mitologia maia. Os mitos são recontados a partir do *Popol Vuh*, uma coletânea de textos escritos no século XVI por indígenas que queriam demonstrar aos espanhóis que o direito deles sobre as terras da Mesoamérica era muito anterior à invasão europeia.

Gosto de África: histórias de lá e daqui, de Joel Rufino dos Santos. Ilustrações de Cláudia Scatamacchia. Editora Global.

Saiba mais sobre a cultura afro-brasileira, seus mitos e outras tradições apresentados pelo historiador Joel Rufino dos Santos. O autor convida o leitor a refletir sobre os eventos históricos que resultaram na influência africana na cultura brasileira atual.

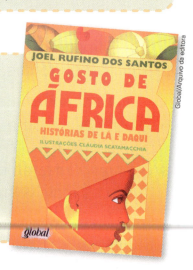

Pequena história da escrita, de Sylvie Baussier. Tradução de Marcos Bagno. Ilustrações de Daniel Maja. Edições SM (Coleção Pequenas Histórias dos Homens).
Por meio de registros escritos, conhecemos a história de sociedades antigas, o modo de vida de nossos antepassados, os aspectos culturais de um povo, entre outros elementos. Esse livro mostra a importância da escrita para a história da humanidade, desde os hieróglifos até as formas atuais de comunicação escrita.

África: contos do rio, da selva e da savana, de Silvana Salerno. Ilustrações de Ana Lúcia. Edições Girassol.
Nesse livro, a autora reconta lendas e mitos africanos recolhidos dos relatos orais de griôs. Esses relatos fazem parte da tradição de diferentes povos da África, remontando à Antiguidade africana.

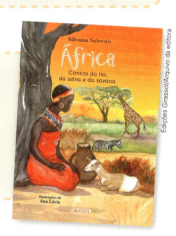

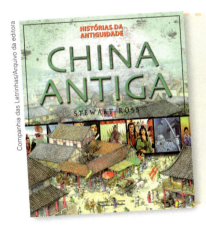

China Antiga, de Stewart Ross. Tradução de Érico Assis. Ilustrações de Inklink Bonson e Richard Bonson. Editora Companhia das Letrinhas (Coleção Histórias da Antiguidade).
Conheça alguns aspectos culturais da China Antiga, uma importante sociedade da Antiguidade cujas expressões culturais podem ser identificadas ainda hoje, principalmente na China atual.

Isto é Roma, de Miroslav Sasek. Tradução de Alípio Correia de Franca Neto. Editora Cosac Naify (Coleção Isto é...).
Escrita e ilustrada pelo artista tcheco Miroslav Sasek, essa obra descreve a história e os lugares de Roma. Capital da Itália, a cidade guarda muitos vestígios do antigo Império Romano, que influenciou o modo de pensar do mundo ocidental.

Bibliografia

Arruda, José Jobson de A. *Atlas histórico básico*. 17. ed. São Paulo: Ática, 2011.

Bento, Clovis Claudino. *Jogos de origem ou descendência indígena e africana na educação física escolar*: educação para e nas relações étnico-raciais. 2012. Dissertação (Mestrado em Educação) – Universidade Federal de São Carlos (UFSCar), São Carlos.

Bethell, Leslie (Org.). *História da América Latina*: América Latina colonial. São Paulo: Edusp; Brasília: Fundação Alexandre Gusmão, 1998. v. 1.

Bittencourt, Circe. *Ensino de história*: fundamentos e métodos. 4. ed. São Paulo: Cortez, 2011 (Coleção Docência em Formação – Ensino Fundamental).

_____ (Org.). *O saber histórico em sala de aula*. São Paulo: Contexto, 1997.

Black, Jeremy (Org.). *Atlas da história do mundo*. Londres: Dorling Kindersley, 2005.

Bloch, Marc. *Apologia da história ou o ofício de historiador*. Rio de Janeiro: Zahar, 2002.

Brasil. Ministério da Educação. *Geografia indígena*: Parque Indígena do Xingu/Instituto Socioambiental. Brasília: MEC/SEF/DPEF, 1988.

_____. Ministério da Educação. Secretaria de Educação Básica. *Base nacional comum curricular*: educação é a base. Brasília: MEC, 2017. Disponível em: <http://basenacionalcomum.mec.gov.br/wp-content/uploads/2018/04/BNCC_19mar2018_versaofinal.pdf>. Acesso em: 12 abr. 2018.

_____. Ministério da Educação. Secretaria de Educação Fundamental. *Parâmetros curriculares nacionais*: história. Brasília: MEC/SEF, 1997.

Buck, Adriaan de. *Egyptian readingbook*. Illinois: Ares Publishers, 1948.

Bueno, Chris. Comunidades indígenas usam a internet e redes sociais para divulgar sua cultura. *Ciência & Cultura*, Campinas, SBPC, v. 65, n. 2, abr./jun. 2013.

Burke, Peter (Org.). *A escrita da história*: novas perspectivas. 2. ed. São Paulo: Ed. da Unesp, 2011.

Campbell, Joseph. *O poder do mito*. São Paulo: Palas Athena, 1990.

Cavalcanti, Thiago José Bezerra. *La zona maya no es museo etnográfico, sino pueblos en marcha*: introdução ao calendário maia e à diversidade pan-maia na Mesoamérica. 2014. 104 p. Monografia (Antropologia) – Universidade Federal Fluminense, Niterói.

Cavalleiro, Eliane. *Do silêncio do lar ao silêncio escolar*: racismo, preconceito e discriminação na Educação Infantil. São Paulo: Contexto, 2000.

Certeau, Michel de. *A escrita da história*. 3. ed. Rio de Janeiro: Forense Universitária, 2011.

Chartier, Roger. *A história cultural*: entre práticas e representações. Lisboa: Difel, 2002.

Coll, César et al. *O construtivismo na sala de aula*. São Paulo: Ática, 1996.

_____. *Os conteúdos na reforma*. Porto Alegre: Artmed, 1998.

_____. *Psicologia e currículo*. São Paulo: Ática, 2000.

Comissão Econômica para a América Latina e o Caribe (Cepal). *Os povos indígenas na América Latina*: avanços na última década e desafios pendentes para a garantia de seus direitos. Santiago: Nações Unidas, 2015.

Cunha, Manuela Carneiro da. *História dos índios no Brasil*: história, direitos e cidadania. São Paulo: Claro Enigma, 2013 (Coleção Agenda Brasileira).

Eliade, Mircea. *Mito e realidade*. São Paulo: Perspectiva, 2002.

Ferro, Marc. *A história vigiada*. São Paulo: Martins Fontes, 1989.

Funari, Pedro Paulo (Org.). *As religiões que o mundo esqueceu*. São Paulo: Contexto, 2009.

_____. *Grécia e Roma*. São Paulo: Contexto, 2002 (Coleção Repensando a História).

_____. *Os antigos habitantes do Brasil*. São Paulo: Ed. da Unesp, 2001.

_____; Noelli, Francisco Silva. *Pré-história do Brasil*. São Paulo: Contexto, 2001.

_____; Silva, Glaydson José da. *Teoria da história*. São Paulo: Brasiliense, 2008.

Goody, Jack (Coord.). *Cultura escrita en sociedades tradicionales*. Barcelona: Gedisa, 1996.

Guarinello, Norberto Luiz. *Os primeiros habitantes do Brasil*. 15. ed. São Paulo: Atual, 2013.

Heck, Egon; Prezia, Benedito. *Povos indígenas*: terra é vida. 4. ed. São Paulo: Atual, 2002.

Hernandez, Leila Leite. *A África na sala de aula*: visita à história contemporânea. São Paulo: Selo Negro, 2005.

Higounet, Charles. *História concisa da escrita*. São Paulo: Parábola, 2003.

Hilgemann, Werner; Kinder, Hermann. *Atlas historique*. Paris: Perrin, 2006.

Instituto Brasileiro de Geografia e Estatística (IBGE). *Atlas geográfico escolar*. 7. ed. Rio de Janeiro: IBGE, 2016.

Jenkins, Keith. *A história repensada*. São Paulo: Contexto, 2003.

Karnal, Leandro (Org.). *História na sala de aula*. São Paulo: Contexto, 2003.

Le Goff, Jacques. *História e memória*. Lisboa: Edições 70, 2000. v. 1 e 2.

Lisboa, Henrique Carlos Ribeiro. *A China e os chins*: recordações de viagem. Rio de Janeiro: Fundação Alexandre de Gusmão/CHDD, 2016.

Mendes, Norma M.; Borges, Airan dos Santos. Os calendários romanos como expressão de etnicidade. Revista *História*: Questões & Debates, Curitiba, Ed. da UFPR, n. 48-49, p. 80-81, 2008.

Mokhtar, Gamal (Ed.). *História geral da África*, v. II: África Antiga. 2. ed. rev. Brasília: Unesco, 2010.

O'Brien, Patrick K. (Ed.). *Philip's atlas of world history*. London: Institute of Historical Research, University of London, 2007.

Pereira, Amilcar Araujo; Monteiro, Ana Maria (Org.). *Ensino de história e culturas afro-brasileiras e indígenas*. Rio de Janeiro: Pallas, 2013.

Piaget, Jean. *A psicologia da inteligência*. Rio de Janeiro: Vozes, 2013.

Pinsky, Carla B. (Org.). *Fontes históricas*. São Paulo: Contexto, 2005.

Pinsky, Jaime. *As primeiras civilizações*. São Paulo: Contexto, 2008.

_____ (Org.). *O ensino de história e a criação do fato*. São Paulo: Contexto, 2008.

Rios, Rosana. *Mavutsinim e o Kuarup*. Ilustr. Rubens Matuck. São Paulo: SM, 2008.

Santos, Eduardo Natalino dos. *Deuses do México indígena*. São Paulo: Palas Athena, 2002.

São Paulo (Estado). Secretaria da Educação. Coordenadoria de Estudos e Normas Pedagógicas. *Coletânea de documentos históricos para o 1º grau*: 5ª a 8ª séries. São Paulo: Cenp/Secretaria de Estado da Educação, 1978.

Silva, Hilton Pereira da. África, berço da humanidade. Revista *Ciência Hoje das Crianças*, p. 9, maio 2006.

Souza, Ana Lúcia Silva; Croso, Camilla (Coords.). *Igualdade das relações étnico-raciais na escola*: possibilidades e desafios para a implementação da Lei nº 10.639/2003. São Paulo: Peirópolis/Ação Educativa/Ceafro/Ceert, 2007.

Souza, Marina de Mello e. *África e Brasil africano*. 3. ed. São Paulo: Ática, 2012.

Todorov, Tzvetan. *A conquista da América*: a questão do outro. São Paulo: Martins Fontes, 1991.

Vainfas, Ronaldo. O império do sol. Revista *Ciência Hoje das Crianças*, 27 jul. 2011. Disponível em: <http://chc.org.br/o-imperio-do-sol/>. Acesso em: 31 jul. 2017.

Veyne, Paul (Org.). *História da vida privada*, v. 1: do Império Romano ao ano mil. São Paulo: Companhia das Letras, 2009.

Vygotsky, Lev Semenovich. *Pensamento e linguagem*. Trad. Jefferson Luiz Camargo. 4. ed. São Paulo: Martins Fontes, 2008 (Série Psicologia e Pedagogia).

Wissler, Holly. Q'eros, Perú: la regeneración de relaciones cosmológicas e identidades específicas a través de la música. *Anthropologica*, Lima, n. 28, p. 96, dez. 2010.

Yalouris, Nicolaos. *Os jogos olímpicos na Grécia Antiga*. São Paulo: Odysseus, 2004.

Zabala, Antoni. *A prática educativa*: como ensinar. Porto Alegre: Artmed, 2007 (Biblioteca Artmed Fundamentos da Educação).

Recortar

Página 28 › Atividade 2

paleontologia

Fóssil

sítios arqueológicos

arqueologia

Página 47 › Atividade 5

Cultivar os alimentos.

Governar o Império.

Liderar o exército.

Controlar o estoque de alimentos.

Construir edifícios e templos.

Planejar e comandar a construção de edifícios e templos.

Pagar tributos.

Página 115 › Atividade 2

Dos braços teriam surgido os **xátrias**, que são os guerreiros.

Dos pés teriam nascido os **sudras**: trabalhadores braçais e servos.

cento e quarenta e cinco 145

Recortar

Página 35 › **Atividade 2**

Sambaquis

1. Locais no Brasil onde ocorrem:
   _____
   _____

2. Principais funções ao longo do tempo:
   _____
   _____
   _____
   _____
   _____

3. Sambaqui(s) mais próximo(s) de onde você mora:
   _____
   _____
   _____
   _____

4. Escolha uma imagem de um sambaqui e cole-a abaixo. Escreva uma legenda com o nome do sambaqui, o local e a data da foto.

5. Fontes consultadas na pesquisa:
   _____
   _____

cento e quarenta e sete **147**

Recortar

Página 76 › Atividade 1

Os rios da comunidade: ontem e hoje

	Passado	Presente
Nomes dos principais rios		
Usos na comunidade	Cole uma imagem aqui e escreva uma legenda.	Cole uma imagem aqui e escreva uma legenda.

Nome: _____

Turma: _____

DoublePHOTO studio/Shutterstock.com/ID/BR

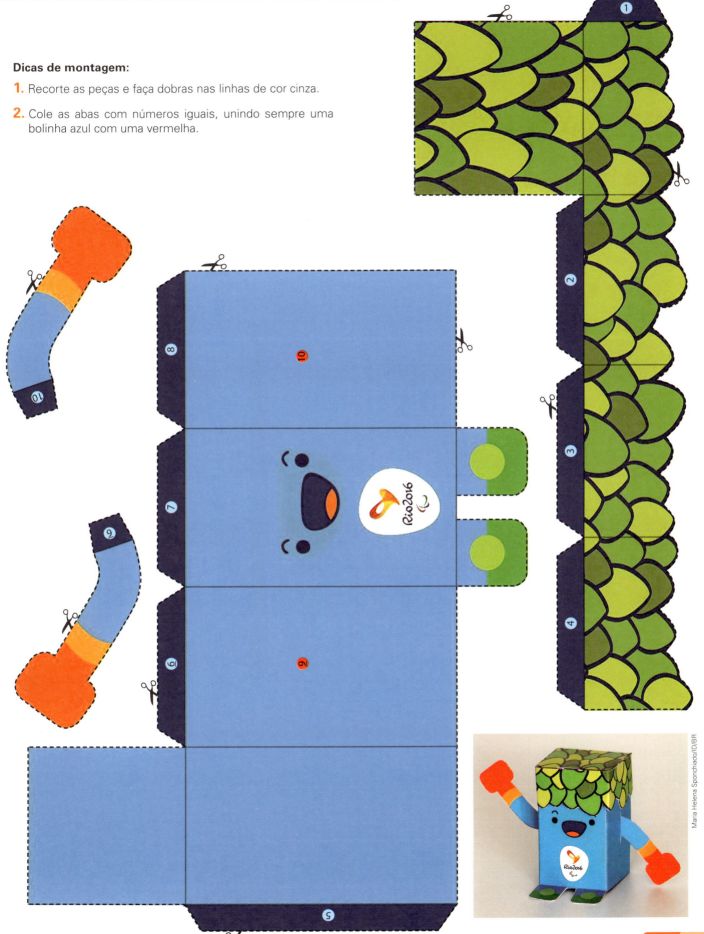

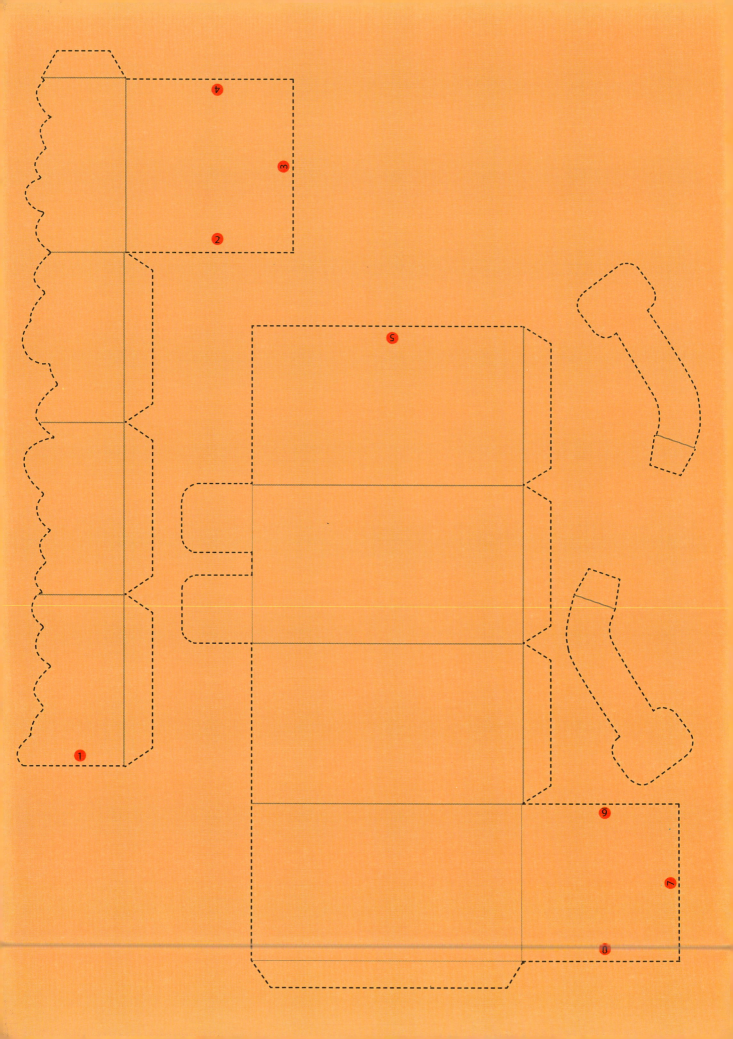